Inhalt

W0052214

Inhalt

Grußwort

Das Wandern hat zu allen Zeiten einen wichtigen Bestandteil des menschlichen Lebens dargestellt; es war und ist sozusagen ein Grundbedürfnis zeitgemäßen Lebensstils. Der Wanderer sucht Schönheit und Freude in der Natur. Beim Wandern ist das Erlebnis der Umwelt, die Begegnung mit der Natur am intensivsten und nachhaltigsten.

Diesen Erfahrungen folgend hat der Westerwald-Verein das Wandern sehr früh gefördert und entsprechende Publikationen herausgegeben. Neben dem „Großen Westerwaldführer", der alle wichtigen Informationen über die Gesamtlandschaft Westerwald enthält, wurden auch ausschließliche Wanderbücher herausgegeben.

Der Westerwald-Verein hat den Trend, verschiedenartige Wanderungen anzubieten, von Anfang an unterstützt. Seit genau 10 Jahren gibt es die „Westerwälder Rucksackschule", die aus Anlaß unseres 100-jährigen Jubiläums gegründet wurde. Im Rahmen dieses Angebots werden sowohl Kinder und Jugendliche als auch Erwachsene im Rahmen des Familienwanderns an die Natur herangeführt. Diese „Naturerlebniswanderungen" erfreuen sich zunehmender Beliebtheit und sind heute Bestandteil einer jeden größeren Veranstaltung des Hauptvereins und der Zweigvereine.

Der Westerwald-Verein wünscht, daß dieses Familien-Wanderbuch eine weite Verbreitung erfährt und die Bemühungen des Vereins, den Westerwald wandernd kennenzulernen, unterstützt. Bei der Lektüre des Buches wünsche ich Ihnen genauso viel Freude wie beim Wandern durch unsere schöne Heimat.

Montabaur, im April 1998

Peter Paul Weinert
Landrat und
Hauptvorsitzender des Westerwald-Vereins e. V.

Herzlich willkommen im Westerwald!

Herzlichen Glückwunsch, daß Sie sich dazu entschlossen haben, ein interessantes und abwechslungsreiches Ausflugsgebiet kennenzulernen! Zugegeben, fast jeder hat ja so seine Vorstellung vom Westerwald, egal ob er schon mal hier war oder nicht. Eigentlich könnte man ihn eher in der Nähe des Nordpols vermuten, wenn es nach dem sehr bekannten „Westerwaldlied" geht.

Heute wollen wir's probieren, einen schönen Marsch marschieren durch den schönen Westerwald, da pfeift der Wind so kalt.
|: Oh, du schöner Westerwald,
über deine Höhen pfeift der Wind so kalt, doch der kleinste Sonnenschein dringt tief ins Herz hinein :|

Den gesamten Text des Liedes finden Sie übrigens im Kapitel 10 abgedruckt. Der – unbestreitbar vorhandene – Wind wird an vielen Orten mit speziellen Windkraftanlagen, die mit riesigen Rotorblättern ausgestattet sind, zur umweltfreundlichen Gewinnung von Energie ausgenützt.

Alle die mit diesem Führer unterwegs sind, dürfen sich auf manch interessante Begegnung freuen. Erleben Sie, was es in dieser Ecke Deutschlands alles zu entdecken gibt. Blättern Sie diesen Führer durch und das was Ihnen ganz spontan am meisten zusagt, das besuchen Sie gleich beim ersten Ausflug. Und dann wird man vielleicht überrascht feststellen, daß gerade auch heutzutage im „medienüberfluteten Zeitalter" Ausflüge in die Natur noch (oder sogar erst recht?) viel Spaß machen.

Und das ist doch gerade das Wichtigste: Das Draußen- und Unterwegssein soll Spaß machen! Es ist für Kinder überhaupt nicht wichtig, „kilometerweit" zu wandern. Viel lieber möchten sie die Natur mit allen ihren Sinnen erleben und erforschen: Augen, Ohren, Hände, Füße, Nase – alles soll zum Einsatz kommen.

Aber auch die „großen Kinder", die oft von selbst Lust auf „richtige" Wanderungen bekommen, finden in diesem Führer viele Anregungen, bei denen sie ihre Ausdauer zeigen können. Auflockerungen findet man zusätzlich in vielerlei größeren oder kleineren Museen, die ebenfalls kurz vorgestellt werden. Manchmal haben sie sogar ein extra Kapitel erhalten, damit man sie beliebig mit anderen Unternehmungen kombinieren kann.

Da wir in einer Region unterwegs sind, in der früher Bergbau betrieben wurde, besuchen wir natürlich auch die Stollen, die in den letzten Jahren extra für interessierte Besucher wieder geöffnet wurden. Eine Übersicht dazu findet man im letzten Kapitel „Pack' die Badehose ein …".

Oder wann haben Kinder in der heutigen Zeit noch Gelegenheit, Handwerkern bei ihrer Arbeit zuzuschauen? Der Westerwald, dabei möchte ich ganz besonders die Orte an der Kannenbäckerstraße hervorheben, bietet reizvolle Möglichkeiten, selbst zu sehen, wie Krüge, Tassen und andere Gegenstände vor unseren Augen entstehen. Selbst aktiv zu werden und verschiedene Tätigkeiten auszuführen, die früher gang und gäbe waren, das ist dann in Selters angesagt (siehe Kapitel 21).

Bei den Beschreibungen der Touren war es mir besonders wichtig, möglichst genau das wiederzugeben, was man unterwegs antrifft. Daher können auch mal größere Kinder die Rolle des „Wanderführers" übernehmen, was bei vielen auf reges Interesse stößt und die Motivation für einen Ausflug erhöht. Und wenn sich dann noch die Eltern so benehmen, als ob sie nun die Kinder wären (viele Fragen stellen, mal Durst haben …), wird das sicher ein lustiger Tag!

Lustig kann es auch dann werden, wenn man als Gruppe unterwegs ist. Also, verabreden Sie sich am besten mit Freunden und Bekannten aus dem Kindergarten oder der Schule zu einer gemeinsamen Unternehmung! Da staunt man dann oft, mit welcher Begeisterung und Ausdauer selbst Kinder, die normalerweise gar nicht gerne wandern, bei der Sache sind. Zur Auflockerung und Anregung zum eigenen Tun sind bei manchen Touren kleine Spiele mit eingebaut. Probieren Sie aus, was Ihnen und ihren Kindern gefällt und erweitern Sie die angebotenen Möglichkeiten!

Alle Touren wurden von mir sorgfältig geplant, ausgearbeitet und erkundet. Trotzdem weiß ich aus Erfahrung, daß nicht alles so bleibt, wie es war. Daher folgende Bitte an Sie: Falls Sie eine Veränderung (sei es eine Telefonnummer oder Markierung des Weges) feststellen, sind der Verlag und ich über eine Nachricht sehr dankbar.

Ein herzliches Dankeschön möchte ich an dieser Stelle all denjenigen sagen, die mich auf vielfältige Art und Weise bei den Arbeiten für diesen Wanderführer unterstützt haben. Dazu zählen vor allem zahlreiche Mitarbeiterinnen und Mitarbeiter von Museen, Verkehrsämtern und Tourist-Informationen sowie weiterer Einrichtungen. Ein besonderer Gruß geht auch an das Team des Fleischhauer & Spohn Verlages, dem ich für die wie immer angenehme und vertrauensvolle Zusammenarbeit danken möchte.

Ihnen und Ihrer Familie wünsche ich nun ein gutes Gelingen und natürlich viel Spaß bei allen Unternehmungen. Erleben Sie viele schöne Stunden, Tage oder Wochen im Westerwald!

Ihre Renate Florl

Unterwegs im schönen Westerwald

So wird's ein schöner Ausflugstag!

Tja, wie sieht denn ein schöner bzw. ein gelungener Ausflugstag für die ganze Familie aus? Braucht man dazu immer schönes Wetter? Oder ist gute Laune wichtiger? Oder gar genug zu essen und zu trinken? Ist denn bei Regenwetter gar kein schöner Ausflug möglich?

Versuchen Sie und versucht ihr mal, liebe Kinder, auf diese Fragen eine Antwort zu finden.

Wie man sieht, gibt es nicht einfach nur *eine* Antwort. Denn die Mischung macht's, und immer das richtige Verhältnis zu erwischen, das ist die Kunst eines gelungenen Ausflugs. Viele, oft auch unausgesprochene Erwartungen an so einen Tag spielen hierbei ebenfalls eine Rolle.

Die Ideen und Tips in diesem Wanderführer sind daher eigentlich nur das Gerüst, die Ausgangsbasis für einen gelungenen Tag. Man könnte sie, das Beispiel fällt mir gerade so ein, mit einem leeren Christbaum vergleichen, den man kauft und zu Hause dann nach Belieben schmückt. Selbst wenn es vorher hundert gleiche Bäume waren, wird nachher jeder anders aussehen. Das Ergebnis läuft nicht automatisch auf hundert gleich aussehende geschmückte Bäume hinaus, das wird jedem einleuchten. Und wenn er sich nur in Kleinigkeiten unterscheidet, so macht doch gerade das das Typische aus.

Ja, und gerade diese Kleinigkeiten sind auch bei einem Ausflug wichtig. Daher ist es sehr gut, wenn alle Familienmitglieder *vor* einem Ausflug ihre Wünsche äußern. Wie will man den Tag verbringen? Als Familie, mit Freunden, als (kleine) Gruppe? Soll es eher gemütlich zugehen, möchte man (zusätzlich) ein Museum anschauen, will man mal eine richtige Wanderung machen oder einfach „nur" schwimmen gehen? Wie will man es mit den Mahlzeiten halten? Sehr viele persönliche Vorstellungen dürfen und sollen da ruhig mit einfließen.

Am allerbesten unterhält man sich darüber schon einen Tag (oder mehrere) vorher, so daß sich jeder darauf einstellen kann. Natürlich ist das nur mit Kindern ab einem gewissen Alter möglich, aber genau da gibt es doch auch am ehesten Differenzen. Wer ist für welchen Teil des Tages verantwortlich? Tour anschauen, Vesper vorbereiten, Getränke besorgen, Ball oder Spiele mitnehmen, das muß nicht einer alleine machen. Verantwortung zu übernehmen, hilft zudem mit, daß die Kinder mit Begeisterung bei der Sache sind. Wenn es schon in Gedanken ein herrlicher Tag zu werden verspricht, dann kann dieser Vorfreude auch ein Regenschauer so schnell nichts anhaben!

Nach der Tour evtl. ein kurzes Resümee ziehen. Was war schön, was behält man bei oder was sollte das nächste Mal anders werden?

Wandern macht durstig

In den Giebelwald und zum Tierpark nach Niederfischbach

Wer im Westerwald unterwegs ist, wandelt auf einem Boden, der so durchlöchert ist, wie ein Schweizer Käse. Allerdings sieht man auf der Erdoberfläche nichts davon, da sich die „Maulwürfe" unterirdisch ihre Gänge gebuddelt haben. Mehrere hundert Kilometer an Stollen – und das in den unterschiedlichsten Tiefen – durchziehen die ganze Region. Vielleicht hat ja jemand schon mal die Modelle in dem Museum der Grube Fortuna (Kapitel 30) oder im Bergwerksmuseum bei Herdorf-Sassenroth (Kapitel 3) beachtet, dann hat man eine ungefähre Vorstellung von den gewaltigen Ausmaßen vieler Gruben. Denn natürlich sind unter den Maulwürfen die Bergleute zu verstehen!

Aber auch oberirdisch sieht man mit wachen Augen noch mancherlei ehemalige Reste und Überbleibsel der Gruben und ihrer dazugehörigen Anlagen. Bei der Grube Fortuna können wir auf dem Bergbaupfad solches beobachten und hier in Niederfischbach ebenfalls.

Ausgangspunkt unserer Tour ist der Tierpark in Niederfischbach. Klar, der **Tierpark Niederfischbach** an sich ist natürlich auch ein schönes Ziel und natürlich sind es nur die dortigen Affen, die durch den Wald rasen. Nicht, daß jemand die Überschrift noch falsch versteht! Aber außer den Affen gibt es auch noch jede Menge anderer Tiere, wie z. B. Hängebauch- und Wildschweine, Känguruhs, Pumas und Nandus zu sehen.

Kennt jemand „Hörbe mit dem großen Hut"? Das lustige Kinderbuch von Otfried Preußler spielt im Siebengiebelwald und hier sind wir immerhin im Giebelwald unterwegs. Das Buch handelt vom Hutzelmann Hörbe, der so einige Abenteuer erlebt. Hörbe möchte eigentlich Preiselbeermarmelade einkochen, aber der Tag ist viel zu schön dazu und er beschließt: „Dies ist kein Tag für Preiselbeermarmelade – dies ist ein Tag zum Wandern!" Er läßt zu Hause Arbeit Arbeit sein, packt Proviant ein und schon geht es auf Wanderschaft. Machen wir es ihm nach?

Wir beginnen unsere Runde am Tierpark bzw. an den Sportplätzen am Ortsende von Niederfischbach. Auf dem unteren Weg mit der Markierung *N2* spazieren wir in Richtung *Fischbacherwerk* durch das Tal. Wir folgen immer dem sanft ansteigenden Weg durch das langgestreckte Tal. Vor hundert Jahren war es in diesem Tal nicht so still, wie es heute ist, denn auf der anderen Seite ratterten die mit Gesteins-

Spiele an der Halde

brocken beladenen Wägen der Züge des Bergwerkes. Zu den Halden des ehemaligen Silber- und Erzbergwerks werden wir nachher kommen.

Der Weg zieht sich um eine Kurve herum, und wir kommen an Fischteichen vorbei. Wenig später ist eine Grillhütte mit kleinem

Spielplatz erreicht. Von hier aus müssen wir nur noch wenige Minuten weitergehen, dann wendet sich der Weg nach links, und wir sehen auf der rechten Seite die Halde des ehemaligen Bergwerks.

Selbst an den „rostigen Steinen" auf dem Weg ist der Eisengehalt gut zu erkennen. Gehen wir hier nach rechts weiter, können wir weiter oben im Wald noch Löcher und Schächte des schon um die Jahrhundertwende stillgelegten Bergwerks sehen.

Gleich jetzt zur Orientierung: Wir gehen nachher den Weg, der nach links abzweigt, zurück. Der Pfad durch den Wald folgt der alten Trasse der Bergwerksbahn, die mit einer steten Neigung abwärts führt.

Auf der Halde, die aus größeren und kleineren Gesteinsbrocken und Felsstückchen besteht und mittlerweile schon recht bewachsen ist, sehen wir eine Vielzahl an schönen Steinen. Da glitzert es silbern und golden, und wer im Bergbaumuseum Sassenroth (Kapitel 3) gut aufgepaßt hat, kann die Steine nun sogar mit Namen benennen.

Der Rückweg auf der alten Bahntrasse führt uns durch schattigen Wald und an tollen Felsen vorbei. Die Felsen mußten für die Strecke weggesprengt oder abgeschlagen werden, so daß die Durchfahrt möglich wurde. Es fällt ganz leicht, sich auszumalen, wie es hier einmal auf der kurvenreichen Strecke mit Gleisen usw. ausgesehen hat, nicht wahr? Geradeaus am Wasserbehälter vorbei und nochmals an Felsen entlang, schon ist der Parkplatz wieder erreicht.

Wie kommt man nach Niederfischbach? ℹ️
Von Betzdorf über Kirchen und dann beschildert weiter in Richtung Freudenberg und Niederfischbach. Im Ort nach rechts abzweigen und geradeaus zu den Sportplätzen und zum Tierpark.

Weglänge: 3 km

Tierpark Niederfischbach
Öffnungszeiten: 1. April bis 31. Oktober   10.00 – 18.00 Uhr

Eintritt:	Erwachsene	DM	5,00
	Kinder	DM	2,00
	Gruppen ab 10 Personen	DM	4,00

Auskünfte:
Tierpark Niederfischbach e. V., Telefon 0 27 34/6 11 75 oder
1. Vorsitzender Reiner Mertens
Auenstraße 7, 57572 Niederfischbach
Telefon 0 27 34/66 77

i

Tip:
Wie wäre es, das Hörbe-Buch mitzunehmen und unterwegs immer mal wieder ein Kapitel daraus vorzulesen?

Grillhütte:
Für die (gebührenpflichtige) Benützung der Grillhütte ist eine Anmeldung bei der Gemeinde erforderlich.

Einkehrmöglichkeiten:
im Tierpark und in Niederfischbach

Tip:
In den Sommermonaten kann man von mittwochs bis samstags ab 10.00 Uhr auf dem Tüschebacher Weiher in Niederfischbach-Tüschebach Tretboot fahren. Weitere Auskünfte unter Telefon 0 27 41/85 26.

Informationen:
Weitere Informationen erhält man bei der
Verbandsgemeinde Kirchen (Sieg)
Lindenstraße 1, 57548 Kirchen
Telefon 0 27 41/6 88-0, Telefax 0 27 41/6 88-2 55

Kartenempfehlungen:
Landesvermessungsamt Rheinland-Pfalz
1 : 25 000   Blatt 3 Wandern im nördl. Westerwald (Betzdorf, Kirchen, Herdorf)
1 : 50 000   Wandern und Radwandern im nördlichen Westerwald

Von Betzdorf nach Herkersdorf und auf
den Druidenstein

Der Druidenstein hat schon viel Geschichte und noch mehr Geschichten erlebt. Früher war der eindrucksvolle Basaltkegel nämlich noch um einiges höher als heute und das wurde ihm im Laufe der Zeit zum Verhängnis. Warum? Die hoch aufragende Spitze war nämlich von weitem schon zu erkennen und diente – vor allem in Kriegszeiten – fremden Truppen zur Orientierung. Aus diesem Grund wurde der Berg zu etwa zwei Dritteln einfach abgeschlagen. Heute mißt er nur noch 18 Meter an Höhe, sieht jedoch immer noch imposant und eindrucksvoll aus. In noch früheren Zeiten, wohl so bis um das Jahr 800, galt der Druidenstein als heidnische Opferstätte, der Sage nach soll sein Name auch auf die keltische Priesterkaste zurückzuführen sein.

In den 20er Jahren des 20. Jahrhunderts wurde er unter Naturschutz gestellt, und so ist es gewährleistet, daß er erhalten bleibt. In den Jahren nach 1948 fanden am Druidenstein sogar mehrere Jahre lang im Sommer Freilichtspiele statt. Wie man sieht, hat der Basaltkegel schon viel unruhige, aber auch friedliche Zeiten hinter sich.

Wir starten diese Runde ganz sportlich, denn es geht auf einem Trimm-Dich-Pfad los. Armkreisen und -schwingen, das und noch andere Übungen werden uns zur Nachahmung vorgeschlagen. Wir folgen dem Trimm-Dich-Pfad durch das Imhäuser Tal immer geradeaus. Bei der Station 4 steht eine Schutzhütte und geradeaus geht es weiter, rechts können wir durch die Bäume hindurch Fischteiche entdecken. Ein paar Stationen später gelangen wir an eine Kreuzung. Links steht eine Bank, von rechts kommen wir nachher vielleicht vom Minigolfplatz wieder hoch. Im Moment halten wir uns jedoch geradeaus und dann verengt sich der Weg zu einem Pfad.

Bald darauf sehen wir die ersten Häuser von *Herkersdorf* schon durch den Laubwald blitzen. An der nächsten Verzweigung halten wir uns nach rechts und überqueren in Richtung Herkersdorf und Druidenstein auf einem Steg den kleinen Imhäuser Bach. Wenige Schritte später ist die Straße am Anfang der Ortschaft erreicht. Über die Straße hinweg und nach rechts den Waldweg hoch, jetzt beginnt der eigentliche Aufstieg zum Druidenstein, der immerhin auf einer Höhe von 431 Metern liegt. Um die Kurve hoch und weiter aufwärts. Wir treffen auf einen Weg, auf dem wir uns für ein paar Schritte nach links halten und kurz verschnaufen können. An diese Stelle kehren wir übrigens nachher zurück, das gleich zur Orientierung.

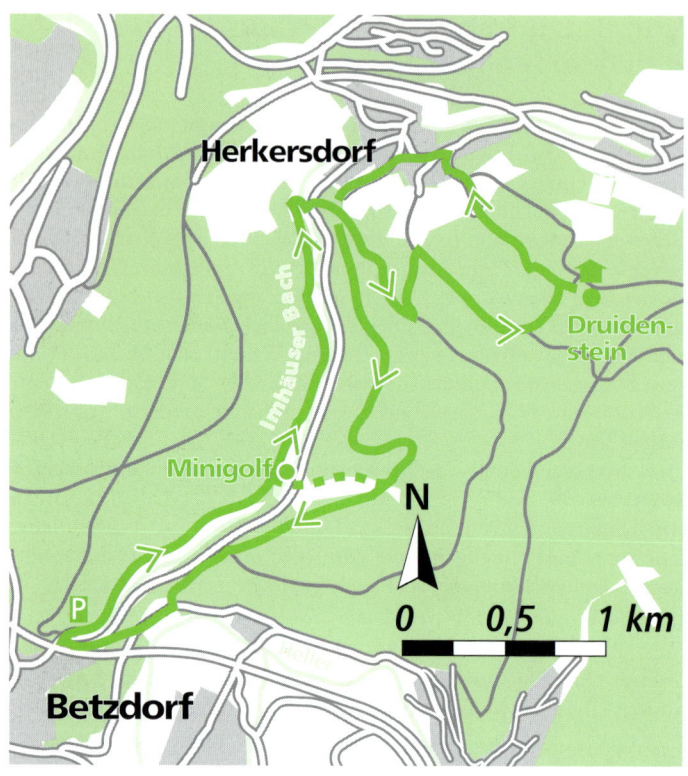

Dann geht es nach rechts hoch auf einem grasbewachsenen Weg weiter. Die Bänke werden wohl nicht sehr oft benutzt, sie sind schon ganz zugewachsen! Wieder treffen wir auf einen Weg, auf dem wir uns nach links halten. Es folgt bis zur nächsten Kreuzung ein ebenes Wegstück. Dann weist ein Schild nach rechts aufwärts in Richtung Druidenstein. An der Schneise für eine Stromleitung geht es geradeaus weiter bis zu einer Gabelung. Nun ist der größte Teil des Aufstiegs geschafft. Jetzt heißt es, nach links auf den Pfad und an einer Anpflanzung nochmals nach links weiterzugehen. Über etliche Wurzeln hinweg steigen wir unserem greifbar nahen Ziel zu. Von links kommt der Kreuzweg von Herkersdorf hoch, und wir halten uns noch ein paar Meter auf einem schmalen Pfad nach rechts – und sind ganz erstaunt. Genau vor uns erhebt sich eindrucksvoll der **Druidenstein!**

Viele Bänke bieten reichlich Platz, um den Basaltkegel von allen Seiten zu bewundern. Ein Pfad führt um den Druidenstein herum,

Am markanten Druidenstein

und einen Blick sollten wir auch in die Station XIV (Grablegung) des Kreuzweges werfen. Wirklich wunderschön ist der Altar mit Muscheln und verschiedenfarbigen Steinen gestaltet.

Der Rückweg beginnt auf dem gleichen Pfad, wie der Aufstieg. Dann aber bleiben wir auf dem Kreuzweg, der sogar ein Teil des

Fernwanderweges von der Nordsee bis zum Mittelmeer ist. Als Markierung sehen wir ein *weißes Kreuz auf schwarzem Grund* und ein *weiß umrandetes schwarzes Viereck*. Abwärts treffen wir auf einen befestigten Weg. Nach rechts erreichen wir die Fahrstraße, und nach links hinunter kommen wir an einem Basaltbrunnen und der Kirche vorbei. Den Markierungen folgend gehen wir nach links und weiter an der Straße entlang, bis wir an die Einmündung der „Jägerstraße" gelangen. Hier halten wir uns nach links und marschieren an den Häusern der „Jägerstraße" bis an ihr Ende entlang. Wer kennt sich hier aus? Ja, jetzt stehen wir wieder an der Stelle, die wir uns vorhin eingeprägt haben. (Natürlich kann man an diese Stelle auch kommen, wenn man als Abstieg den gleichen Weg wie für den Aufstieg wählt.)

Nun bleiben wir geradeaus auf diesem eben verlaufenden Hangweg. Nach kurzer Zeit erreichen wir eine Gabelung, bleiben aber auf unserem Weg am Hang entlang. Um mal weitere und zum Schluß auch engere Kurven herum kommen wir dann zu einer weiteren Gabelung. Hier wählen wir die rechte Möglichkeit, die abwärts führt. Bald darauf muß die nächste Entscheidung gefällt werden.

Wer möchte noch zum Minigolf? Der muß sich nochmals nach rechts halten. Immer abwärts kommt man dann geradewegs zum Eingang. Über den hinteren Ausgang des Minigolfgeländes erreicht man dann wieder den Trimm-Dich-Pfad auf der anderen Talseite und kehrt nach links zum Ausgangspunkt zurück.

Falls übrigens wider Erwarten der Mingolfplatz geschlossen sein sollte, ist das auch kein Beinbruch. In diesem Falle bleibt man noch ein Stückchen talabwärts auf der Straße und geht dann geradeaus auf dem Waldweg weiter.

Geradeaus vor bis an einen befestigten Weg, dann rechts und später nochmals nach rechts abwärts – schon ist das Bahngleis wieder in Sichtweite. Nach rechts zum Parkplatz zurück.

Wer gleich weiter möchte, kann auch geradeaus weitergehen und trifft dann auch auf den Waldweg, der daraufhin in den befestigten Weg mündet.

Wie kommt man zum Parkplatz beim Trimm-Dich-Pfad bei Betzdorf? Betzdorf erreicht man über die B 62. In Richtung Herdorf und Neunkirchen ortsauswärts und dann nach links in Richtung Herkersdorf abzweigen. Über den Bahnübergang hinweg und geradeaus zum Parkplatz.

Weglänge   8,5 km, 200 Höhenmeter

Minigolfanlage im Imhäuser Tal
Öffnungszeiten: Mai bis September
           montags bis samstags   ab 11.00 Uhr
           sonntags   ab 10.00 Uhr
           In der Vor- und Nachsaison je nach Wetterlage nur
           am Wochenende geöffnet.

Eintritt: Erwachsene   DM   4,00
           Kinder (bis 14 J.)   DM   3,00

Auskünfte:
Minigolfanlage Imhäuser Tal, 57518 Betzdorf
Telefon 0 27 41/2 30 60

Geheimtip:
Für alle, die den Druidenstein ohne Wanderung kennenlernen wollen, sei es verraten, daß man auch mit dem Auto bis ganz hoch fahren kann. Der Fahrweg von Herkersdorf aus ist deutlich beschildert.

Was man sonst noch erleben kann:
Gar nicht weit entfernt befindet sich das sehenswerte Bergbau-Museum in Herdorf-Sassenroth. Weitere Informationen bitte im Kapitel 3 nachschlagen.

Einkehrmöglichkeiten:
Kiosk am Druidenstein, am Minigolfplatz, in Herkersdorf und in Betzdorf

Informationen über Betzdorf:
Stadt- und Verbandsgemeindeverwaltung, Fremdenverkehr
Hellerstraße 2, 57518 Betzdorf
Telefon 0 27 41/2 91-13, Telefax 0 27 41/2 91-19

Kartenempfehlungen:
Landesvermessungsamt Rheinland-Pfalz
1 : 25 000   Blatt 3 Wandern im nördl. Westerwald (Betzdorf, Kirchen, Herdorf)
1 : 50 000   Wandern und Radwandern im nördlichen Westerwald

3 Einmal einen Kindergeburtstag in einem Bergwerk feiern!

Zum Bergbaumuseum nach Herdorf-Sassenroth

In einem Bergwerk hat wohl noch kaum jemand seinen Kindergeburtstag gefeiert. Diese ausgefallene Idee stammt von dem Leiter des Museums, Herrn Achim Heinz, und alle Kinder, die seither mitgemacht haben, sind seinen Angaben nach begeistert bei der Sache gewesen. Aber nicht nur für Kindergeburtstage ist das Bergbaumuseum des Kreises Altenkirchen in Herdorf-Sassenroth zu empfehlen. Es ist eine ideale Alternative bzw. Ergänzung zu den echten Bergwerken, in denen es meist recht kalt ist, man nirgends hinfassen darf, und man als Kind am Ende einer Führung von den Erklärungen doch in den allermeisten Fällen recht wenig verstanden hat.

Der Siegerländer Erzbergbau wird im 1986 eröffneten **Bergbaumuseum** durch historische Schaustücke, Bilder, Tafeln, Texte, aber auch durch Filme und Videos anschaulich dargestellt. Besonders interessant ist es, daß im Keller ein Schaubergwerk eingerichtet wurde. Da gibt es nachgebaute Stollen, die wie echt aussehen, Grubenbahnen und Maschinen. Die harte Abbau- und Förderarbeit der Bergleute unter Tage wird durch lebensgroße Puppen wirklichkeitsgetreu nachgestellt. Die Geräusche unter Tage können simuliert werden, auch die spärliche Beleuchtung der Arbeiter im Stollen kann man wirklich erleben. Und wie in einem richtigen Bergwerk kann man seinen Kopf mit einem Helm schützen.

Das bekannte Bergbauzeichen „Schlägel und Eisen" sehen wir in einer Vitrine als ehemalige Arbeitswerkzeuge. Mit diesen beiden einfachen Geräten rackerten sich die Bergleute zuallererst ab, ehe sie dann später einfache Maschinen zu Hilfe nehmen konnten. Alle Achtung! Wie schnell man da wohl am Tag, in der Woche oder im Jahr in so einem Stollen vorwärtskam?

Wer das Arbeiten selbst mal ausprobieren und dabei auf Schatzsuche gehen will, kann sich an den Museumsleiter wenden. Er kennt Stellen, an denen man auf alten Halden von Bergwerken goldglänzende und silberne Mineralien finden kann.

Im Museum gibt es auch einen speziellen Raum für Kinder. Da steht zum einen ein Stereomikroskop, unter dem man die Mineralien betrachten kann. Wenn das Stereomikroskop richtig eingestellt ist und sich die Augen an das dreidimensionale Bild gewöhnt haben, hat man faszinierende „Einblicke"in die gar nicht so glatte Oberfläche eines Gesteins. Auch das **Spiel „Im Bergwerk"**findet man hier. Dieses lehrreiche und abwechslungsreiche Spiel ist ein Unikat und kann nur

Fleißiger Arbeiter im Bergbaumuseum

hier im Museum gespielt werden. Natürlich sollte man sich vorher gut umgesehen haben, damit man die Fragen auch richtig beantworten kann. Wer Lust auf ein **Suchspiel** hat, das man innerhalb des Museums machen kann, sollte sich nach dem vorbereiteten Blatt erkundigen.

In den Außenanlagen fällt ein 15 Meter hoher Förderturm auf, der natürlich mit dem im Bergwerk gesehenen Förderschacht in Verbindung steht. Ein Kohlenmeiler ergänzt die Außenanlagen, die noch erweitert werden sollen. Auch soll in nächster Zeit ein Lehrpfad eingerichtet werden, der zu historischen sowie bergbaukundlichen Stätten führt. Man sieht, das Bergbaumuseum des Kreises Altenkirchen ist wirklich ein Museum „zum Anfassen".

Wer nach dem Museumsbesuch noch Lust auf ein weiteres Abenteuer hat, kann wie oben schon erwähnt, auf Schatzsuche gehen (siehe auch Kapitel 1) oder den Druidenstein bei Herkersdorf (Kapitel 2) erklimmen. Halt, das ist nicht ganz richtig, denn die Besteigung des eigentlichen Gipfels ist, so reizvoll sie auch sein mag, leider verboten. Wir haben die Möglichkeit, von Betzdorf oder von Herkersdorf aus zu Fuß auf den Druidenstein zu steigen, aber dieses Mal führt sogar ein beschilderter Fahrweg bis ganz hinauf. Nachdem wir ja sonst immer so fleißig auf Schusters Rappen unterwegs sind, machen wir es dieses Mal gemütlich! Und der Anblick des einzigartigen Basaltkegels des Druidensteins ist wirklich einmalig.

Wie kommt man nach Herdorf-Sassenroth?
Herdorf-Sassenroth liegt zwischen Betzdorf und Neunkirchen. In Sassenroth hält man sich beschildert in Richtung Bergbaumuseum nach rechts und erreicht, über das Bahngleis hinweg, dann aufwärts den kleinen Parkplatz am Museum.

Bergbaumuseum des Kreises Altenkirchen in Herdorf-Sassenroth

Öffnungszeiten:	täglich	10.00 – 12.00 Uhr
	und	14.00 – 17.00 Uhr
	montags geschlossen	

Eintritt:	Erwachsene	DM	5,00
	Kinder (bis 18 J.)	DM	1,00
	Gruppen ab 15 Personen 20 % Ermäßigung		

Führungen: Exkursionen auf Abraumhalden zum Sammeln von Mineralien können im voraus für Gruppen vereinbart werden.

Kindergeburtstage:
Die jüngsten Kinder sollten dafür mindestens neun Jahre alt sein. Weitere Auskünfte über das Bergbaumuseum.

Auskünfte: **i**

Bergbaumuseum, 57562 Herdorf, Telefon 0 27 44/63 89
Kreisverwaltung Altenkirchen
Hochtstraße 11, 57610 Altenkirchen
Telefon 0 26 81/8 13 45, Telefax 0 26 81/8 14 41

4 Hier dürft ihr wirklich mal stundenlang fernsehen!

Von Hilgenroth zum Raiffeisen-Aussichtsturm auf dem Beulskopf

Das ist doch ein Angebot, das man nicht alle Tage bekommt. Aber ehe falsche Vorstellungen entstehen, sei es gleich verraten, daß wir bei dieser Tour den 31 Meter hohen Raiffeisen-Aussichtsturm auf dem Beulskopf stürmen. Und bei entsprechender Wetterlage kann man nicht nur stundenlang, sondern auch kilometerweit „fernsehen". Wer ein Fernglas besitzt, sollte es bei dieser Tour auf jeden Fall einpacken, es lohnt sich!

Wir starten am Parkplatz bei Hilgenroth. Nach rechts der Nummer *9* nach wandern wir am Waldrand aussichtsreich entlang. Auf der rechten Seite ragt der weithin sichtbare Raiffeisen-Aussichtsturm über die Wipfel der Bäume, zu dem führt uns der Weg heute hin. Schon nach wenigen Schritten erreichen wir eine erste Rastmöglichkeit, die „Rentner-Ruhestätte": Eine wunderschön gelegene Sitzgelegenheit mit flachem Tischchen. Der Blick schweift mit oder ohne Rast immer wieder über Hilgenroth zum hohen Turm hinüber.

Wir kommen an einer Grillhütte vorbei und bleiben weiterhin immer geradeaus, solange, bis es entweder nach links oder nach rechts weitergeht. Als Markierung haben wir ein *weißes K auf schwarzem Grund*. Die Abkürzung *K* leitet sich ab von dem *Kölner*

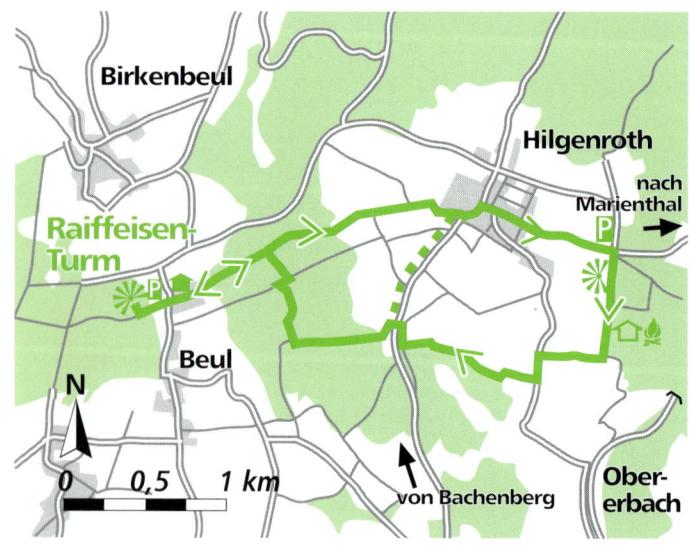

Nur etwas für Schwindelfreie – der Raiffeisenaussichtsturm

Weg, einem Wanderweg des Westerwald-Vereins, diese Markierung bleibt uns übrigens bis zum Turm erhalten. Demnach zweigen wir an dieser Stelle also nach rechts auf den grasbewachsenen Pfad ab und steigen abwärts. An Ginsterbüschen vorbei gelangen wir zu einer Straße. Kurz auf der Straße nach links und dann nach rechts ein

Stückchen aufwärts, daraufhin nach links, die Markierungen weisen eindeutig die richtige Richtung.

Dann kommt ein abenteuerlicher Wegabschnitt bzw. von einem Weg ist bald nichts mehr zu sehen. Am Waldrand führen uns nämlich die *K-Markierungen* nach rechts weiter. Mit viel gutem Willen erkennen wir allenfalls einen Trampelpfad über die Wiese hinweg. Immer munter geradeaus, die zahlreichen Markierungen zeigen ja an, daß wir richtig sind. Unverzagt am Waldrand weiter, bis wir am Fuße einer Straßenböschung ankommen. Hier nach rechts bis zur Straße hoch. An dieser Stelle kommen diejenigen hinzu, die direkt in Hilgenroth gestartet sind (siehe Alternative im Infoteil).

Gemeinsamer Weiterweg: Von hier aus müssen wir nach schräg rechts in den Wald hinein. Die Markierung *K* ist weiterhin unser zuverlässiger Begleiter. Nun steigt der Weg an, und die leichte Steigung setzt sich noch eine Weile fort. Wir erreichen eine Kreuzung und gehen geradeaus unserer Markierung nach weiter. Gleich darauf müssen wir nach rechts und vorerst geht es ebener weiter. Rechts und links herum und nochmals nach links. An dieser Stelle erkennen wir Reste einer Feuerstelle mit Bänken.

An der nächsten Verzweigung halten wir uns wieder nach links. Diese Verzweigung prägen wir uns ein, denn auf dem Rückweg gehen wir nach rechts in den Wald hinein. Aha, jetzt ist die Rede schon vom Rückweg, dann kann der Hinweg nicht mehr lange dauern – und so ist es auch tatsächlich. Immer geradeaus kommen wir an einer jüngeren Anpflanzung vorbei und dann aus dem Wald hinaus. Wer sieht den Turm? Vor uns und gar nicht mehr weit, da steht er! Geradeaus auf die Häuser von Beul zu und zum erst 1990 errichteten **Raiffeisen-Aussichtsturm**.

Die Besteigung des Turmes hat es in sich. Sieben Stockwerke zu je zwei mal 12 Stufen sowie 3 Stufen zu Beginn und 6 Stufen zum Schluß, das macht doch gleich …? Bei jeder Treppe, die wir erklimmen, haben wir eine noch tollere Fernsicht als vorher. Die dreieckige Holzkonstruktion wurde nach Wilhelm Friedrich Raiffeisen, dem Begründer des Genossenschaftswesens, benannt. Gerade in dieser Gegend war ja sein Wirkungsgebiet. Auch die *Raiffeisenstraße* erinnert an ihn. Von seinem Geburtsort Hamm an der Sieg führt sie über Flammersfeld bis hinunter nach Neuwied.

Wenn wir die 177 Stufen gemeistert haben, eröffnet sich uns ein umfassendes Panorama. Geradeaus fällt ein hohes technisches Gerüst auf, das ist der Förderturm der ehemaligen Grube Georg bei Willroth. Rechts davon schließen sich die Aarberge in der Eifel, und noch weiter rechts das Siebengebirge an. Links davon fallen zwei Sendemasten auf, einmal der Gänsegeier und einmal der Kühkopf bei Koblenz. Nicht so weit entfernt liegt dagegen Altenkirchen, erkennbar an dem hohen Schlot. Links davon könnte man meinen, den Aussichtsturm auf dem Johannisberg zu erkennen. Noch weiter links fallen drei Windkraftanlagen ins Auge. Dazwischen sieht man ein gelbes Gebäude aufragen, das ist das Schloß von Hachenburg. Der Hohe Westerwald ist mit seinen zahlreichen Windkraftanlagen auch sehr schön auszumachen. Auch reicht der Blick weit hinein ins Bergische Land. Wer sucht und findet gar die „Rentner-Ruhestätte"? Solch eine hervorragende Fernsicht erlebt man wirklich selten.

Mit den Stufen vom Turm hinunter beginnen wir den Rückweg. Wir kehren die wenigen Schritte nach Beul zurück, das übrigens die Wasserscheide zwischen Sieg und Wied darstellt. Geradeaus die „Friedhofstraße"hinunter, die wir vorhin heraufgekommen sind. Immer geradeaus weiter durchqueren wir den Wald und gehen dann am Waldrand und über Wiesen weiter hinunter. Hier haben wir als Markierung ein *weißes S auf schwarzem Grund*. Nach rechts auf einem befestigten Weg streben wir auf Hilgenroth zu. Wir erreichen die Ortschaft und kommen zu einem Wartehäuschen mit Brunnen mit Pumpe, den man selbst bei Bedarf bedienen kann. Diejenigen, die die Runde in Hilgenroth begonnen haben, sind schon wieder zu ihrem Ausgangspunkt zurückgekehrt. Die anderen halten sich nach links, gehen an der Kirche vorbei und folgen dann der Straße in Richtung Marienthal nach rechts. Auf der „Marienthaler Straße" ortsauswärts und auf der wenig befahrenen Straße zum Parkplatz zurück.

Wie kommt man nach Hilgenroth?
Der kleine Ort Hilgenroth liegt zwischen Hamm bei Wissen/Sieg und Altenkirchen. Unser Ausgangsparkplatz befindet sich zwischen Hilgenroth und dem Kloster Marienthal, d. h., bei der Anfahrt über das Kloster Marienthal befindet sich der Ausgangsparkplatz noch vor der Ortschaft Hilgenroth am Waldrand (beim Friedhof).

Die nachfolgend beschriebene kürzere Runde startet direkt von Hilgenroth aus. Ein Blick in eine gute Straßenkarte ist hier sicher hilfreich.

Alternative:
Die Runde läßt sich abkürzen, indem man direkt von Hilgenroth aus startet. In der Ortsmitte von Hilgenroth hält man sich auswärts in Richtung Bachenberg. Zuerst an der Straße entlang und dann nach rechts weiter auf einem Parallelweg dazu, bis der Weg wieder in die Straße einmündet. Dann weiter wie oben beschrieben (gemeinsamer Weiterweg).

Weglängen: 7 km, mit Abkürzung 5 km

ℹ️ *Einkehrmöglichkeiten:*
in Beul und in Hilgenroth

Geheimtip:
Für alle diejenigen, die es noch bequemer wollen und ein herrliches Aussichtswetter „nur"für die Fernsicht nützen möchten, sei verraten, daß es direkt beim Raiffeisen-Aussichtsturm bei Beul auch einen Parkplatz gibt.

Hinweis:
Für den Abschnitt über die Wiese hinweg muß man bei feuchtem Wetter an geeignetes Schuhwerk denken.

Was man sonst noch erleben kann:
Nach dem bekannten Sozialreformer und Genossenschaftsgründer Friedrich Wilhelm Raiffeisen (1818 bis 1888) wurde eine touristische Straße benannt. Die Raiffeisenstraße führt von Hamm/Sieg über Altenkirchen, Weyerbusch, Flammersfeld bis nach Neuwied. Alle diese Städte sind mit dem Leben und Wirken des Mannes verbunden. Wer sich näher mit Herrn Raiffeisen beschäftigen möchte, in Hamm gibt es ein Raiffeisenmuseum. Weitere Auskünfte unter Telefon 0 26 82/95 22 35.

Kartenempfehlungen:
Landesvermessungsamt Rheinland-Pfalz
1 : 25 000   Blatt 1 Wandern im nördl. Westerwald (Altenkirchen)
1 : 25 000   Blatt 2 Wandern im nördl. Westerwald (Hamm und Wissen)
1 : 50 000   Wandern und Radwandern im nördlichen Westerwald

Ins Besucherbergwerk des Siegerländer Spateisensteinbezirks bei Steinebach an der Sieg

Ein ehemaliges Erzbergwerk lernen wir bei diesem Ausflug kennen. Die Grube Bindweide ist das einzige Besucherbergwerk im rheinland-pfälzischen Westerwald. Im Bergbaumuseum in Herdorf-Sassenroth finden wir einen – ebenfalls sehr interessanten – nachgebauten Stollen (Kapitel 3), im hessischen Westerwald gibt es noch die Grube Fortuna (Kapitel 30) zu besichtigen. In Weilburg hat man ebenfalls einen künstlichen Stollen geschaffen, der sich im dortigen Bergbau- und Stadtmuseum (neben dem Schloß) befindet. Aber im Vergleich zu der Anzahl an Stollen, in denen man früher unter Tage gearbeitet hat, sind nur wenige übriggeblieben, die man der Nachwelt auf diese Art und Weise erhalten möchte.

Schon 1931 wurde die eigentliche Arbeit in der Eisenerzgrube hier in Steinebach niedergelegt. Man stellte damals die Arbeiten ein, da das 60fache an Wasser herausgepumpt werden mußte, was man als Erz förderte. So stehen heute die tiefer gelegenen Sohlen alle noch unter Wasser, bei der Führung werden wir den „Höhlenbach" sehen und rauschen hören.

Mit einer kleinen Grubenbahn (oder sollte man eher Geisterbahn dazu sagen?) rattern wir zu Beginn der Führung – mit Helm und Umhang gut ausgerüstet – weit in das Innere des Berges hinein. Zu Fuß starten wir dann den Erkundungsgang durch den ehemaligen „Tiefen Stollen" der **Grube Bindweide**. Überall ist es feucht, und von den Wänden tropft das Wasser teilweise herunter. Dies ist der Grund für eine Besonderheit unter Tage, die es selten zu bestaunen gibt. Es haben sich nämlich puddingweiche Tropfsteine gebildet. Sie bestehen nicht, wie sonst üblich, aus Kalk, sind hart, wachsen sehr langsam und sind weiß, nein, dieses Mal sind sie weich, wachsen viel schneller und sind rötlich. Das Erz, und dabei vor allem der hohe Mangananteil, ist für die gravierenden Unterschiede verantwortlich und macht das im Verhältnis schnelle Wachstum möglich.

Bis 550 Meter unter die Erdoberfläche reichen die Stollen, in Abständen von 50 Metern. 92 Meter unter der Erdoberfläche sind wir nun und – selbstverständlich – über die Beleuchtung froh. Früher arbeiteten aber die 500 und teilweise bis zu 1 000 Bergleute unter Tage unter ganz anderen Bedingungen. Wenig, besser gesagt, nur sehr spärliches Licht stand ihnen zur Verfügung. Der Bergmann war daher bei seiner Arbeit mehr auf das Gehör angewiesen. Krächzende Balken oder herabfallendes Gestein wies ihn auf Gefahren hin bzw. warnte ihn davor.

So kam das Erz früher aus dem Berg heraus

Vor dem Bau der Grubenbahn erfolgte der Transport des abgeschlagenen Gesteins übrigens mit Hilfe von Pferden, die auch – wegen des schwierigen Transports – auch die Nacht über unter Tage blieben. Auch noch andere Tiere waren den Bergleuten wichtig. Kanarienvögel nahmen sie beispielsweise gerne mit, um den Sauerstoffgehalt der Luft zu testen.

So erfahren wir bei der Führung viel Interessantes aus dem Alltag der Bergleute. Selbst an den Farben der Knöpfe der bergmännischen Tracht läßt sich erkennen, in welcher Art von Bergwerk der Betreffende arbeitet bzw. gearbeitet hat: die Farbe Gold bedeutete Erz-, Schwarz Kohle-, Perlmutt Salz- und Kupfer Kupferbergwerk. Ob wir uns das merken können? Zum Abschluß dürfen wir uns nochmals in die Gitterwagen der Grubenbahn zwängen und werden, wie früher das Gestein, ans Tageslicht befördert.

Wie kommt man zum Besucherbergwerk Grube Bindweide in Steinebach an der Sieg?
Das Besucherbergwerk erreicht man über Hachenburg oder Betzdorf. Nach Betzdorf gelangt man von der A 45 (Ausfahrt Siegen bzw. Freudenberg) über die B 62. Auf der B 413 dann weiter in Richtung Hachenburg und in Steineroth der Beschilderung folgen nach Steinebach und dann nach links zum Bergwerk.

Besucherbergwerk Bindweide
Öffnungszeiten: 1. April bis 31. Oktober
mittwochs und samstags   14.00 – 17.00 Uhr
sonn- und feiertags   13.00 – 17.00 Uhr

Führungen: letzte Führung um 16.30 Uhr
Für Besuchergruppen ab 15 Personen wird empfohlen, Termine zu vereinbaren, die auch zu anderen Zeiten möglich sind.

Eintritt: Erwachsene   DM 8,00
Kinder (4 bis 15 J.)   DM 3,00
Gruppen ab 15 Personen   DM 6,00

Hinweis:
Im Bergwerk herrscht das ganze Jahr über eine Temperatur von 12° Celsius. Da sind eine lange Hose und eine Jacke angebracht.

Auskünfte und Informationen:
Verbandsgemeindeverwaltung Gebhardshain, Tourist-Information
Postfach 40, 57580 Gebhardshain
Telefon 0 27 47/8 09 54 oder 78 45, Telefax 0 27 47/8 09 17

Was man sonst noch erleben kann:
Im gleichen Ort gibt es das Westerwald-Museum für Motorrad & Technik zu besichtigen.

ℹ️ *Öffnungszeiten:* dienstags bis sonntags   9.00 – 18.00 Uhr

Eintritt: Erwachsene   DM   5,00
             Kinder   DM   2,50
             Gruppen nach Vereinbarung

Auskünfte: Westerwald-Museum für Motorad & Technik
             57520 Steinebach
             Telefon 0 27 47/24 35

An bestimmten Tagen im Jahr werden Dampfzugfahrten angeboten,
Auskünfte bei der Gemeindeverwaltung.

Vom Kloster Marienstatt an der Nister entlang und weiter zur Hohen Ley

Die Nister ist ein Flüßchen, das bei Willingen auf 562 Metern Höhe entspringt und nach einem Lauf von 54 Kilometern in die Sieg mündet. Bei einer Rundtour, die beim Kloster Marienstatt startet, lernen wir die Nister auf einem sehr schönen Abschnitt kennen.

Gleich zu Beginn überqueren wir das kleine Flüßchen auf einer alten Steinbrücke. Geradewegs spazieren wir daraufhin auf das **Kloster Marienstatt** zu. Der heilige St. Bernhard über dem Tor heißt jeden Besucher willkommen. Das 1212 gegründete Zisterzienserkloster hat schon eine lange und wechselvolle Geschichte hinter sich. 1802 wurde es aufgehoben, 1888 aber wieder eingerichtet. Im Moment leben hier noch um die 40 Mönche, die ein Gymnasium mit etwa 800 Schülern betreuen. Aber das Kloster diente auch schon zu anderen Zwecken, in Kriegszeiten war es z. B. ein Lazarett.

Ob es wohl den Weißdornbusch noch gibt? In einer Sage wird erzählt, daß der Ort für dieses Kloster einem blühenden Weißdornzweig zu verdanken ist:

Das Kloster Heisterbach hatte eine Schenkung im Kirchspiel Kirburg zur Gründung eines neuen Klosters erhalten. Der Abt schickte eine Abordnung los, um vorerst in einem hergerichteten Notbehelf zu leben. Aber die Öde des Ortes, die Rauheit des Klimas und die unwirtliche Gegend weckte in ihnen bald die Sehnsucht nach dem schönen Heisterbach. Sie wollten jedoch nicht zurückkehren, ohne zuvor Gottes Willen befragt zu haben. So entschlossen sie sich, drei Tage in innigem Gebet zu Gott zu flehen. In der zweiten Nacht um Mitternacht erschien eine weiße Jungfrau mit einem weißen Kleide und einem Gesicht voller Licht und Hoheit. In der Hand hielt sie einen mit Blüten bedeckten Weißdornzweig. „Ich bin die Stifterin Eures Ordens. Morgen bei Anbruch des Tages geht über den Berg an das andere Ufer der Nister, und da, wo ihr einen Zweig findet, wie denjenigen, den ich in der Hand halte, da soll euer künftiger Wohnsitz sein."

Sobald der Tag graute, machten sie sich auf und dankten für diese himmlische Weisung. Obwohl es Februar war, gingen sie voll Zuversicht zu der angegebenen Stelle, an der sie tatsächlich den in Blüten und Blättern prangenden Weißdornzweig fanden. Die Kunde von diesem Wunder verbreitete sich schnell, und zu Ehre der Gottesmutter wurde die neue Stiftung „Marienstatt" genannt.

6

An der Klosterkirche, die man übrigens als einziges ohne vorherige Anmeldung besichtigen kann, halten wir uns nach links und kommen zur Nister hin. Früher befand sich hinter der Kirche der Friedhof. Die umliegenden Gemeinden hatten damals keine eigenen Pfarrer, sie wurden von den Mönchen seelsorgerisch betreut. In der Kirche treffen die hier lebenden Männer etwa fünfmal am Tag zusammen.

Nach rechts wandern wir nun in Richtung *Streithausen* und *Limbach* zwischen der Klostermauer und der Nister entlang. Als Markierung sehen wir eine *gelbe R1* und *R3 auf schwarzem Grund*. Im schattigen Laubwald kommen wir zu Bänken und zum flachen Ufer der Nister. Immer wieder gibt es Pfade bis an das Wasser des Baches hinunter. Das Kloster nutzt übrigens die Energie des strömenden Wassers mit einer modernen Wasserkraftwerkanlage aus. Daher ist die Nister erst nach dem Zufluß des Kanals ein richtiges Flüßchen, und wir müssen an dieser Stelle nach links weiter. Oberhalb des Baches gelangen wir wenig später wieder an eine Verzweigung.

Nochmals links an der Nister entlang ist für uns richtig. Wieder gibt es Bänke und noch immer oberhalb des Flüßchens spazieren wir dahin. Wer kennt den Unterschied zwischen einem Prallhang und einem Gleithang? Irgendwelche Begriffe aus dem Erdkundeunterricht waren es, aber was bedeuten sie? Der Prallhang ist meist steil abfallend, da ihn das Wasser im Laufe der Zeit immer mehr unterspült. Der Gleithang ist dann genau auf der anderen Talseite zu finden, flach und sanft ansteigend.

Immer geradeaus weiter kommen wir durch den Wald und entfernen uns daraufhin ein wenig von der Nister. Die Markierung *R1* und das *K* führen uns später wieder näher zu ihr hin und dann zu einem Steg. Jetzt müssen wir uns entscheiden. Wollen wir die Kroppacher Schweiz noch „richtig" kennenlernen oder lieber ein Weilchen hier am flachen Wasser spielen, ehe wir zum Ausgangspunkt zurückkehren?

Der Abstecher zur Hohen Ley ist nicht sehr weit, aber es geht ein Stück wirklich steil den Hang hinauf. Also, entschieden? Geradeaus weiter, dem Weg folgend noch an der Nister entlang, um eine Kurve herum und dann entfernen wir uns vom Bach. Geradeaus weiter und an einer Wiese entlang bis zu der beschilderten Abzweigung zur Hohen Ley. Der Pfad nach rechts ist mit einem *weißen Balken auf schwarzem Grund* markiert und im Zick-Zack gewinnen wir die ersten Meter an Höhe. Wie in der richtigen Schweiz steigen wir daraufhin fast senkrecht aufwärts. Oben halten wir uns auf dem hervorragend markierten Pfad nach links, und die zackige Steigung ist bereits überwunden. Über Baumstämme drüber klettern wir wie bei einer Urwald-Expedition auf dem schmalen Steig weiter und haben bald darauf, die letzten Schritte geht es sogar bergab, nach links hinunter

34

Auf der alten Steinbrücke geht's über die Nister hinweg

die **Hohe Ley** erreicht. Ein weißes Gipfelkreuz ziert den Felsen, von dem wir weit ins Land hinaus blicken können. Natürlich drehen sich in der Ferne wieder die Rotorblätter von Windrädern und cincn lieben Gruß senden wir in Gedanken an Ralf und Josef, die hier 1992 eine kleine Bank angebracht haben.

Zurück gehen wir wieder den gleichen Pfad, und das Abwärtssteigen erfordert hier die gleiche Aufmerksamkeit wie der Aufstieg. Nach links erreichen wir wieder den Nistersteg, klarer Fall.

Der Rückweg von hier aus zum Kloster Marienstatt ist überraschend kurz, das werden wir nachher sicher bestätigen können. Also, nun geht's zuerst einmal über das kleine Flüßchen hinüber. Wir treffen gleich darauf auf einen Weg, dem wir nach links folgen. Mal mehr in der Sonne, mal mehr im Schatten wandern wir weiter. Auf einmal fällt uns links unten ein hoher Grabstein auf, er gehört zu einem Soldatenfriedhof aus napoleonischer Zeit. Wenig später erreichen wir leicht ansteigend eine Kreuzung. Nur noch wenige Meter trennen uns vom Ausgangspunkt, wer kann das glauben? Geradeaus ist der kürzeste Weg zum Parkplatz, der in wenigen Minuten von hier aus erreicht ist.

Aber nochmals können wir einen kurzen Abstecher einbauen. Dieses mal führt er uns zum „Felsenstübchen", zu mageren Resten der Burg Vroneck. Auf dem schmalen Pfad halten wir uns nach links. Zur Orientierung, die Burg bzw. die Reste davon liegen rechts davon.

Eine Möglichkeit, sie zu finden: Gleich nach wenigen Metern zweigt eine unscheinbare Wegspur nach rechts ab, die führt, später leicht nach links halten, direkt hinauf.

Die andere Möglichkeit: Man bleibt noch ein Stück auf dem Pfad, bis es eine Böschung hinaufgeht. Hier steigt man nach rechts im Wald ein paar Schritte hinauf und erreicht die deutlich behauenen Felsen, die die einzigen Reste der **Burg Vroneck** sind. Auf dem erreichten Pfad weiter kommt man abwärts wieder an die Kreuzung zurück.

Wie kommt man zum Kloster Marienstatt?
Das Kloster Marienstatt befindet sich in der Nähe von Hachenburg. Von der B 414 zweigt man beschildert zum Kloster Marienstatt ab und kommt zu den ausgeschilderten Parkplätzen an der Nister oder am Kloster.

Weglängen: 5 km
               mit Abstecher zur Hohen Ley 1,5 km mehr

Zisterzienserabtei Marienstatt
Die Klosterkirche kann normalerweise frei besichtigt werden, Gottesdienstzeiten ausgenommen.

Führungen: nur nach Voranmeldung
              Telefon 0 26 62/9 53 50

Im Eingangsbereich des Klosters befindet sich eine Buch- und Kunst-handlung. ℹ

Einkehrmöglichkeit:
Restaurant am Klostereingang

Kartenempfehlungen:
Landesvermessungsamt Rheinland-Pfalz
1 : 25 000   Ferienland Westerwald (Hachenburg, Westerwälder Seenplatte)
1 : 50 000   Wandern und Radwandern im nördlichen Westerwald

Zum Landschaftsmuseum Westerwald in Hachenburg

Das Landschaftsmuseum Westerwald, vielleicht kann man sich unter der Bezeichnung Freilichtmuseum spontan mehr vorstellen, und natürlich auch das hübsche Städtchen Hachenburg wollen wir heute besuchen. Dabei kann man dies u. a. auch ganz prima mit den Wandervorschlägen von Kapitel 6 (beim Kloster Marienstatt) oder Kapitel 21 (rund um den Dreifelderweiher) kombinieren.

Das **Landschaftsmuseum Westerwald** ist ein kleines Museumsdorf mit mehreren Gebäuden. In diesen wiederum finden wir schöne Einrichtungen und Ausstellungen zu ganz verschiedenen Themenbereichen, z. B. altes Handwerk, Wohnen und Arbeiten sowie Beispiele zum Fachwerkbau. So kann man sich ganz plastisch ein Bild vom Leben in früherer Zeit machen.

In einem Kräutergarten kann man sich auf die Suche nach bekannten und weniger bekannten (Heil-)Pflanzen machen. Wer kennt denn noch die verschiedenen Pflanzen und ihre jeweiligen Wirkungen?

Im Eingangsbereich gibt es einen Medienraum, in dem es eine große Auswahl an interessanten Videos gibt. Auf Anfrage kann man sich über den Westerwald, seine Naturschönheiten, seine Geologie, aber auch zu vielen anderen Themen (z. B. einzelne Handwerksberufe) näher informieren und sich „ein Bild" darüber machen.

Der Basaltpark in Marienberg (Kapitel 8) ist übrigens eine Außenstelle dieses Museums.

Im hübschen Städtchen Hachenburg, vom Museum nur wenige Gehminuten entfernt, lohnt sich aber auch ein Gang durch die heutige Fußgängerzone. Der goldene Sayn'sche Löwe auf dem Marktbrunnen und die Fachwerkhäuser am Alten Markt haben schon lebhafte und wechselvolle Zeiten erlebt. Hachenburg war nämlich der Kreuzungspunkt von zwei „Fernstraßen" und dementsprechend viel war hier los. Da fuhren die Fuhrwerke, die von Ochsen gezogen wurden, die enge Straße rauf und runter. Auch das Klappern der Pferdehufe hallte durch die Gassen. Überlegen wir uns doch noch mehr, wie es früher gewesen sein könnte! Das markante Schloßgebäude dient privaten Zwecken und ist leider nicht zu besichtigen.

Wenn wir uns auf dem Rückweg nach dem Überqueren des „Alexanderrings" im Burggarten nach links halten, kommen wir zu verschiedenen Freizeitanlagen wie z. B. einer Minigolfanlage, einem Spielplatz und einem Wassertretbecken.

Im Landschaftsmuseum Westerwald

Wie kommt man nach Hachenburg?
Hachenburg erreicht man von der A 3 (Ausfahrt Dierdorf) über die B 413. Auch auf der B 414 gelangt man nach Hachenburg. Das Landschaftsmuseum befindet sich ortsauswärts in Richtung Bad Marienberg. Parkplätze gibt es direkt am Museumseingang.

Landschaftsmuseum Westerwald

| Öffnungszeiten: | täglich | 10.00 – 17.00 Uhr |
| | montags geschlossen | |

Eintritt:	Erwachsene	DM	4,00
	Kinder	DM	1,00
	Gruppen ab 10 Personen	DM	3,00
	Schulklassen (mit Führung)	DM	1,00

| Führungen: | nach Vereinbarung |

Auskünfte:
Landschaftsmuseum Westerwald
Im Burggarten, 57627 Hachenburg
Telefon 0 26 62/74 56

Was man sonst noch erleben kann:
In Hachenburg gibt es eine Cadillac-Sammlung und ein Stickerei-Museum.

Cadillac-Sammlung

| Öffnungszeiten: | montags bis freitags | nur nach Vereinbarung |
| | samstags und sonntags | 10.00 – 17.00 Uhr |

Eintritt:	Erwachsene	DM	8,00
	Kinder	DM	4,00
	Gruppen ab 10 Personen	DM	5,00
	Gruppen ab 50 Personen	DM	4,00

Auskünfte:
Cadillac-Sammlung Müller & Hensel
Nisterstraße 4, 57627 Hachenburg (direkt am Bahnhof)
Telefon 0 26 62/9 52 30

Stickerei-Museum

Öffnungszeiten:	April bis November	
	dienstags bis freitags	10.00 – 12.00 Uhr
	und	14.00 – 18.00 Uhr
	samstags	9.30 – 12.30 Uhr
	jeden ersten Sonntag	
	im Monat	14.00 – 17.00 Uhr

| Eintritt: | frei |

Auskünfte:　　　Telefon 0 26 62/5 01 80　　　　　　　　　ℹ️

Informationen über Hachenburg:
Verkehrsamt der Stadt Hachenburg
Mittelstraße 2, 57627 Hachenburg
Telefon 0 26 62/63 83

Bei Bad Marienberg besuchen wir den Wildpark, den Großen Wolfstein und den Basaltpark

Bei Bad Marienberg kann man nicht nur vieles, sondern auch viel Interessantes unternehmen. Wir besuchen den Wildpark, wandern zum Großen Wolfstein weiter, vergnügen uns an einem Abenteuerspielplatz und ganz Unentwegte haben dann noch die Möglichkeit, eine Runde durch den Basaltpark zu drehen. Trotz der langen Liste der angebotenen Möglichkeiten ist die Aufzählung aber noch nicht komplett, aber das werden wir unterwegs selbst feststellen. Auf dem größten Teil der Runde sind wir im Wald unterwegs, hier hält man es also auch an warmen Tagen gut aus.

Los geht's am Parkplatz beim Abenteuerspielplatz beim Wildpark. Wir gehen – nach kurzem oder längerem Aufenthalt – nach rechts durch den Spielplatz hindurch und kommen an den „Miniautos" vorbei geradewegs zum Ponyreiten. Wir halten uns darauf nach links und sehen schon die ersten großen Tiere, die Wisente.

Am Zaun entlang geht es danach nach rechts weiter, hier sehen wir Pfauen, Ziegen und Damhirsche. An Automaten kann man sich mit Wildfutter eindecken, das ist natürlich für die Tiere das am besten bekömmliche Futter. An der nächsten Kreuzung folgen wir dem Hinweisschild zum Schwarzwild geradeaus abwärts. Steil bergab erreichen wir das Gehege der Wildschweine, das man ganz deutlich am gut „durchgepflügten" Boden erkennen kann.

Geradeaus verlassen wir dann das Gelände des Tierparks, auf unserem ebenen Weg oberhalb von Bad Marienberg begleiten uns jedoch Tafeln des Waldlehrpfades, auf denen wir allerlei Wissenswertes zu den Bäumen und Tieren des Waldes erfahren.

An einem Wasserbehälter kommen wir vorbei und daraufhin führt unser Weg neben einem kleinen „Kanal" entlang. Wie schnell da z.B. Boote aus Blättern losfahren! Eine hübsche Kneipp-Anlage lädt wenig später – zumindest an heißen Tagen – zu einer erfrischenden Abkühlung ein.

Weiter schlendern wir an einem flachen Bach entlang, der sanft vor sich hin murmelt. An den vielen Bänken haben wir bestimmt schon längst erkannt, daß Bad Marienberg ein Kurort ist. An der nächsten Kreuzung folgen wir der Markierung *gelbe M2 auf schwarzem Grund* nach links. Unser Weg verläuft nun leicht ansteigend, rechts und links im Wald liegen schon überall viele Steine. Was es damit wohl auf sich hat? Warten wir es ab.

Kleiner Kletterer am Großen Wolfstein

Markiert geht es geradeaus über den nächsten Weg hinweg und wenig später nochmals. Beim Gehen auf dem weichen Waldboden merkt man ganz deutlich den Unterschied zum vorigen Weg, nicht wahr? Am Weidezaun entlang bietet sich uns nun ein Ausblick nach rechts. Eine rot-weiße Antenne fällt uns auf und die leuchtend weißen Rotoren und Masten einer Windkraftanlage, die wir im Westerwald ja immer wieder sehen. Der Text des Liedes, wo sich "kalt" auf „Wald" reimt und der Wind erwähnt wird, hat demnach schon irgendwie seine Berechtigung, zumindest den Wind betreffend!

Am Ende der Wiese sollten wir die kleine Wacholderheide beachten, die als kulturgeschichtlicher Zeuge auf eine regionaltypische historische Form der Landbewirtschaftung hinweist. Die *gelbe M2* Markierung weist uns geradeaus wieder in den Wald hinein. Nur noch 800 Meter müssen wir bis zum Großen Wolfstein zurücklegen, das erfahren wir auf einem Schild.

Auf dem nächsten Weg eben nach links weiter und dann anschließend immer nur der Markierung *M2* geradeaus folgen. Daraufhin treffen wir auf die Station 10, das sind übrigens die Ringe, des Trimm-Dich-Pfades. Nach rechts ist der Wolfstein gut beschildert, nur noch 300 Meter trennen uns von ihm. Der Trimm-Dich-Pfad hat ein kleines Stück die gleiche Richtung, zweigt dann aber nach links ab. Wer findet das schade? Keine Sorge, wir kehren nachher wieder an diese Stelle zurück und bleiben dann bis zum Spielplatz an unserem Ausgangspunkt auf dem Trimm-Dich-Pfad, einverstanden?

Jetzt halten wir uns jedoch geradeaus und stehen nach wenigen Schritten am **Großen Wolfstein**. Urkundlich wurde er als „Drutgerestein" 1048 erstmals erwähnt. Über die Entstehung des Großen Wolfstein gibt es folgende Sage, die allerdings genauso gut zu anderen Gelegenheiten bzw. Bergen hier im Westerwald passen könnte: Der Teufel wollte einst einen hohen Turm bauen, der bis in den Himmel reichen sollte. Dafür sammelte er eine Menge mächtiger Basaltblöcke, die überall in den Wäldern umherlagen. Er band sie mit einer „Witt" (Birken- oder Weidenreis, das so lange gedreht bzw. „gebreiselt" wird, bis es sich wie ein Strohseil binden läßt) zusammen und fuhr mit seiner schweren Last durch die Lüfte. Die Witt riß und die Steine fielen zu früh auf die Erde – und da liegen sie heute noch!

Er hätte allerdings noch ein paar mehr Steine verlieren müssen, um uns eine schöne Aussicht zu ermöglichen. Aber für kleine Kraxeleien ist die imposante Steingruppe allemal gut zu gebrauchen!

Vom Großen Wolfstein kehren wir das kurze Stück bis zur Abzweigung des Trimm-Dich-Pfades zurück und wenden uns dann nach rechts. Nun folgen wir dem gut bezeichneten Trimm-Dich-Pfad mit seinen weiteren Stationen und blauen Richtungstäfelchen. Geradeaus weist uns ein Schild auch zum *Kleinen Wolfstein*, bis dorthin sind es noch 800 Meter, bis zum Wildpark sind es nur 500 Meter mehr. An der Station 15 müssen wir nach rechts weiter auf einen kleinen Pfad abzweigen, und wenig später haben wir schon den **Kleinen Wolfstein** erreicht. Links weiter wie der Trimm-Dich-Pfad gelangen wir abwärts. Nochmals nach links und bald darauf sind bei der Station

„Liegestützen" alle Papas (warum eigentlich nur die?) gefordert. Weiterhin abwärts erreichen wir einen Weg, auf dem wir uns ein letztes Mal nach links wenden. Wer kann den Spielplatz schon wieder erkennen?

Wen unterschiedliche Gesteine interessieren, ist im Basaltpark in Bad Marienberg genau richtig. Der **Basaltpark** ist eine Außenstelle des Landschaftsmuseum in Hachenburg (Kapitel 7) und eine Dokumentationsstätte des Basaltabbaus im Westerwald. In dem ehemaligen Steinbruch, der wieder rekultiviert wurde, gibt es einen Rundweg, der zuerst steil hinab und dann wieder steil bergauf führt. Dabei kommen wir an verschiedenen Gesteinen vorbei, die auf Tafeln jeweils erläutert werden. Wer hat denn schon mal ein Kalkriff, einen Quarzit oder schiefrige Grauwacke bewußt betastet? Oder wer hat gewußt, daß Trachyt als Baumaterial für Fenster, Türen, Säulen, Altäre, Tauf- und Grabsteine verwendet wurde? Und daß der Malberg bei Leuterod (Kapitel 22) aus Phonolith besteht, auch das erfahren wir hier. Abwärts erreichen wir eine Verzweigung. Nach rechts finden wir ein Informationsgebäude, in dem wir noch mehr über den Basaltabbau erfahren. Dorthin können wir einen kurzen Abstecher machen.

Informationstafel im Basaltpark

Anschließend kehren wir an die Verzweigung zurück. Interessant ist die Station mit der Beschreibung der Pflastersteinherstellung und die Gruppe aus Säulenbasalt. Wer vielleicht schon mal im Elbsandsteingebirge Urlaub gemacht hat, dem fällt bei dem Namen „Säulenbasalt" gleich die Burg Stolpen ein, die auf eben diesem Gestein errichtet wurde. Übrigens ist die Sächsische Schweiz, wie das Elbsand-steingebirge auch noch genannt wird, ein besonders schönes Wander-paradies für Familien. Selbstverständlich gibt es daher auch für dieses Gebiet einen Familien-Wanderführer!

Dann beginnt – zuerst allmählich, dann aber recht steil, der Auf-stieg zurück zum Parkplatz. Oben halten wir uns nach links und ha-ben die Runde geschlossen.

Wie kommt man nach Bad Marienberg?
Von der B 414 zweigen wir beschildert nach Bad Marienberg hinein ab. Die Zufahrt zum Wild- und Basaltpark ist beschildert.

| *Weglängen:* | zum Großen Wolfstein | 5 km |
| | Runde durch den Basaltpark | knapp 2 km |

Durch den Wildpark führen zwei verschieden lange und markierte Rundwege, das als Angebot für dieje-nigen, die mit Kinderwagen unterwegs sind: Länge 0,7 oder 2,5 km

Wildpark		
Öffnungszeiten:	samstags und sonntags	13.00 – 18.00 Uhr
	oder nach Vereinbarung	

Eintritt:	frei	
	Ponyreiten im Wildpark	
	5 Runden	DM 5,00

| *Auskünfte:* | Telefon 0 26 61/16 66 | |

| *Basaltpark* | | |
| *Öffnungszeiten:* | ganzjährig geöffnet | |

| *Eintritt:* | frei | |

Informationsgebäude:		
Öffnungszeiten:	Mai bis September	
	mittwochs, samstags	
	und sonntags	10.00 – 12.00 Uhr
	und	14.00 – 17.00 Uhr

Was man sonst noch erleben kann:
Das MarienBad, das wir von der Runde durch den Basaltpark be-stimmt schon entdeckt haben, lädt zu einem nassen Vergnügen ein.

Eintritt:	Erwachsene	DM	7,00
	Kinder (3 bis 5 J.)	DM	3,00
	Jugendliche (6 bis 17 J.)	DM	5,00
	(Auszug aus der Preisliste!)		

Auskünfte: MarienBad
Bismarckstraße 65, 56470 Bad Marienberg
Telefon 0 26 61/13 00

Einkehrmöglichkeiten:
mehrere Möglichkeiten in Bad Marienberg

Informationen:
Kurverwaltung, Wilhelmstraße 10, 56470 Bad Marienberg
Telefon   0 26 61/70 31, 70 32 oder 1 94 33
Telefax   0 26 61/6 15 65

Kartenempfehlungen:
Landesvermessungsamt Rheinland-Pfalz
1 : 25 000   Ferienland Westerwald (Bad Marienberg, Westerburg)
1 : 50 000   Wandern und Radwandern im nördlichen Westerwald

9 Wir haben noch Wind in den Haaren ...

Zu den Windkraftanlagen bei Salzburg

Dies ist eine kurze Runde, auf der wir aber immerhin den zweithöchsten Berg des Westerwaldes erklimmen. „Erklimmen" darf man aber dieses Mal nicht so wörtlich nehmen, den sanften Anstieg schafft wirklich jeder! Der Höhenunterschied zwischen dem höchsten Gipfel des Westerwaldes, der Fuchskaute mit 656 Metern Höhe, und dem Salzburger Kopf mit 654 Metern Höhe ist denkbar gering.

Salzburg, der kleine Ort unterhalb des nach ihm benannten Kopfes, lag früher an einer wichtigen Handelsstraße. Die heutige Straßenbezeichnung „Köln-Leipziger-Straße" erinnert noch daran.

Der Salzburger Kopf besteht eigentlich aus zwei Gipfeln, dem weiter östlich gelegenen Saalberg und dem Galgenkopf. An Tagen mit guter Wetterlage sollen von dort oben schon über 50 Ortschaften gesichtet worden sein! Der Name Galgenberg weist im übrigen wirklich auf eine Vollstreckungsstätte von Urteilen hin, das Gericht wurde auf dem nebenan liegenden Saalberg abgehalten.

Außerdem erfahren wir auf unserer Tour einiges über die Windkraftanlagen, denen man ja im Westerwald des öfteren begegnet. Fast von überall aus sieht man die hellen schlanken „modernen Windmühlen" in den Himmel ragen, an denen sich drei riesige Rotorblätter drehen. Heute kommen wir sogar zweimal ganz nahe an so einem „Windrad" vorbei Apropos Windrad: Vielleicht haben wir ja Lust, uns eines selbst zu basteln. Ein quadratisches Stück Papier, das wir vorher bunt angemalt haben, schneiden wir an den Ecken zur Hälfte ein. Die Spitzen werden nach innen gelegt und mit einer Stecknadel in der Mitte an einem Holzstab befestigt. Jetzt müssen wir nur noch kräftig pusten oder das Windrad in den Wind halten, dann dreht es sich.

Schon seit langen, langen Zeiten nützen die Menschen übrigens die Windkraft aus. Welche Beispiele fallen uns dazu ein? Ja, genau, da gibt es die Segelschiffe, die nur mit der Kraft des Windes ganze Meere überqueren können und die Windmühlen, die mit der „bewegten Luft" Getreide mahlen oder andere Tätigkeiten verrichten.

Ausgangspunkt ist der kleine Ort Salzburg. An der „Köln-Leipziger-Straße", an der wir parken, gehen wir ein paar Schritte in den Ort hinein. Dann halten wir uns in der „Bergstraße" nach rechts aufwärts. Oben mündet sie in die „Waldstraße" ein, auf der es nach rechts weitergeht. Den Rundwegmarkierungen *L1*, *L4* und *L5* nach kommen wir aus dem Ort hinaus.

Schon von hier aus hat man einen weiten Blick über die Landschaft. Wer zählt die vielen Ortschaften, Wälder, Felder und Berge?

Energie umweltfreundlich gewinnen – eine Windkraftanlage

Wie groß die Flügel einer Windkraftanlage doch aus geringer Entfernung aussehen, da erschrickt man fast, wenn sie über dem Wald auftauchen. An der Gabelung halten wir uns links, mit der *L1*, *L4* und *L5* sowie dem *weißen Kreuz* und *Strich auf schwarzem Grund* als Markierung. Ansteigend kommen wir an einem nicht ganz so großen

Windrad vorbei und der Gipfel des ersten Kopfes, an dessen Osthang sich übrigens ein Skilift befindet, ist erreicht. Ein wenig mulmig ist einem unter so einem Windrad doch zumute, nicht wahr?

Geradeaus gelangen wir weiter zu einem Wasserbehälter. Kurz danach heißt es, sich markiert nach links zu halten. Unten im Tal liegt Stein-Neukirch, in dieser Ortschaft steht die höchstgelegene Kirche des Westerwaldes. Wir kommen dann zu einer Straße hin, überqueren sie und folgen dem Weg mit den Markierungen *L1* und *L6*, der nach links ansteigt. Eine erste Windkraftanlage bekommen wir zu Gesicht, dann noch eine und noch eine – wieviele sind es wohl?

Wir kommen zum Fuß einer solchen „Nadel" hin, die immerhin eine Höhe von über 40 Metern erreichen kann, und erfahren auf einer Tafel interessante technische Daten. Eine Windkraftanlage in dieser Größe erzeugt etwa 260 000 Kilowattstunden Strom im Jahr. Diese Energie entspricht dem Jahresverbrauch von ungefähr 74 Haushalten. Der Umwelt werden mit dieser Form der Energiegewinnung zahlreiche Schadstoffe erspart, so z. B. jährlich 247 Tonnen Kohlendioxid. Die drei „Flügel", die Rotoren, sind etwa 30 Meter lang und bestehen aus glasfaserverstärktem Kunststoff. Aber immer noch findet man die meisten Windkraftanlagen in Norddeutschland (an der Nordseeküste), die Firma, die diese Anlagen hier installiert hat, betreut 1 850 solcher Anlagen.

Hier im Westerwald und zunehmend auch in anderen „windigen" Mittelgebirgen findet man ebenfalls die Windräder. Die heutigen Windkraftanlagen sind computergesteuert. Der obere Teil, die Gondel, ist drehbar gelagert, so daß sich die Rotorblätter immer optimal in Windrichtung ausrichten können. Die Rotoren treiben über das Getriebe und die Turbinenwelle einen Generator an, der die Drehbewegungen in elektrischen Strom umwandelt. Im Innern des Turmes gibt es nicht nur eine Leiter, die man zu Wartungszwecken hinaufsteigen kann, sondern auch Kabel, die den Strom nach unten weitergeben. So sind alle Anlagen unterirdisch mit Leitungen verbunden, die den erzeugten Strom zum nächsten Elektrizitätswerk bzw. Verbraucher weiterleiten.

Wir gehen weiter und nach links in den Wald hinein. Jetzt haben wir den **Galgenberg** erreicht. Ein Rastplatz mit Bänken erinnert an die ehemalige Gerichtsstätte.

Den Hang hinunter und nach links auf dem Fahrweg kehren wir nach Salzburg zurück. Auf der „Köln-Leipziger-Straße" spazieren wir an mehreren Brunnen vorbei zurück zu unserem Ausgangspunkt.

Wie kommt man nach Salzburg?
Salzburg liegt (fast) an der B 414 zwischen Herborn und Bad Marienberg. Der Parkplatz befindet sich am Ortseingang. Auch über die B 54 und dann über die B 414 ist eine Anfahrt möglich.

Weglänge: 2,5 km

Was man sonst noch erleben kann:
Vielleicht reicht die Zeit ja noch zu einem Abstecher nach Bad Marienberg mit dem Wildpark und dem großen Abenteuerspielplatz (Kapitel 8).

In den Sommermonaten ist ein Besuch der Krombach-Talsperre (Bademöglichkeit) lohnend.

Einkehrmöglichkeiten:
in Salzburg

Kartenempfehlungen:
Landesvermessungsamt Rheinland-Pfalz
1 : 25 000   Ferienland Westerwald (Bad Marienberg, Westerburg)
1 : 50 000   Wandern und Radwandern im nördlichen Westerwald

10 Oh, du schöner Westerwald ...

Von der Fuchskaute über den Ketzerstein bei Weißenberg zum Dreiländereck

Diese Tour im Hohen Westerwald ist eine anspruchsvolle Wandertour. Die Fuchskaute ist mit 657 Metern die höchste Erhebung im Westerwald. Diejenigen, die nicht so weit gehen möchten, wählen entweder die kürzere Runde auf den zweithöchsten Gipfel von Kapitel 9 oder drehen nur eine kleine Runde im herrlichen Heidegebiet der Fuchskaute.

Gegen die (kalten?) Winde, die in dem Text des oben angefangenen Liedes folgen, wurden früher Windschutzhecken angepflanzt. Unterwegs werden wir einige davon kennenlernen.
Wer hat den Text des Liedes im Kopf? Falls nicht, hier kann man ihn nachlesen:

Westerwaldlied

Heute wollen wir's probieren, einen schönen Marsch marschieren
durch den schönen Westerwald, da pfeift der Wind so kalt.
|: Oh, du schöner Westerwald,
über deine Höhen pfeift der Wind so kalt,
jedoch der kleinste Sonnenschein dringt tief ins Herz hinein :|

Und die Grete und der Hans gehen sonntags gern zum Tanz,
weil das Tanzen Freude macht und das Herz im Leibe lacht.
|: Oh, du schöner Westerwald ... :|

Ist das Tanzen dann vorbei gibt's gewöhnlich Keilerei
und dem Bursch, den das nicht freut,
sagt man, er hat keinen Schneid.
|: Oh, du schöner Westerwald ... :|

Wir gehen nach links auf dem befestigten Weg los. Daß es hier oben wirklich kalt werden kann, sehen wir an der Hinweistafel für die Langläufer. Wir halten uns an die Markierung *weißes X* und *weißes I auf schwarzem Grund*. Das zuerst erwähnte Zeichen ist die Markierung des Europäischen Fernwanderweges von der Nordsee über den Bodensee bis ans Mittelmeer. Zu Fuß eine ganz gewaltige Entfernung, nicht wahr?
Der hohe Mast dient zur Sicherheit der Luftfahrt, den merken wir uns, an dem erkennen wir nämlich zum Schluß, daß wir unseren Ausgangspunkt bald wieder erreicht haben.

Am Ende des Teerweges wenig später halten wir uns nach rechts auf einen Wiesen- bzw. Heideweg. Die lokale Markierung *L5* kommt hinzu, und leicht abwärts spazieren wir über die bunte Blumenwiese der Heidefläche dahin. Einzelne Bäume verleihen der Landschaft einen ganz eigenen Charakter. Dann wendet sich der Weg leicht nach links, und es eröffnet sich ein Ausblick auf den *Salzberg* und den *Galgenberg*, die wir an den Windrädern erkennen. Geradeaus weiter und an einer Weide vorbei, erreichen wir den nächsten Wald. Wir bleiben solange geradeaus, bis wir an eine deutliche Kreuzung kommen. Links sehen wir wieder zwei Windräder. In diesem Abschnitt begleitet uns als Markierung eine *gelbe N2 auf schwarzem Grund*. Die Kreuzung überqueren wir geradeaus, und auf der linken Seite fällt uns so eine ziemlich hohe Windschutzhecke auf, von der auf der Tafel zu Beginn erzählt wurde. Wenig später finden wir sie übrigens auf der anderen Wegseite.

Und dann kommt ein abenteuerlicher Wegabschnitt. Am Waldrand halten wir uns nach links in Richtung der Hütte. Dann schon nach wenigen Schritten – noch vor der Hütte – geht es auf einer Pfadspur nach rechts in den Wald hinein. Immer geradeaus pirschen wir uns auf der schmalen Pfadspur vorwärts. Dann wenden wir uns an einer Tannenschonung nach links, leicht ansteigend. Eine Bank des Heimatvereins Willingen zeigt an, daß dieser Pfad tatsächlich ein Wanderweg ist. Nur wenige Schritte später stehen wir auf einem befestigten Weg. Am Waldrand blicken wir auf Löhnfeld hinab und gehen auch in diese Richtung. An der nächsten Kreuzung müssen wir auf einem grasbewachsenen Weg nach rechts in Richtung Ketzerstein. Neben einer Weihnachtsbaumkultur gehen wir auf die nächste Windschutzhecke zu, die sich von links heraufzieht. Das *weiße X auf schwarzem Grund* des Fernwanderweges begleitet uns nun wieder. Durch einen Durchschlupf der Hecke hindurch und am Waldrand weiter. An der nächsten Gabelung nach rechts und nochmals nach rechts auf den Hochsitz zu. Nach links hinab und immer geradeaus markiert hinab. Eine *gelbe M3 auf schwarzem Grund* leuchtet uns als Markierung entgegen. Wir durchqueren ein kleines Tälchen und streben dann nach rechts sanft hinauf, nach links eben weiter und dann nochmals ansteigend nach rechts dem Ketzerstein zu.

Bald kommt auf der linken Seite die bizarre Felsformation ins Blickfeld. Nach links haben wir den **Ketzerstein** und eine Grillstelle mit Schutzhütte schnell erreicht. Man nimmt an, daß der Name der Basaltgruppe auf einen alten Grenzübergang, auch „Katze" genannt, zurückgeht. Möglicherweise hat auch die in der Nähe gelegene Wüstung Katzhausen den Ausschlag für den Namen gegeben. Auf einem Schild wird darauf hingewiesen, daß es sich am Ketzerstein lohnt, einen Kompaß dabei zu haben. Denn die Polarität der Kompaßnadel soll hier Schwankungen unterworfen sein.

Wir blicken auf die Ortschaft Weißenburg hinab und weit in die Ferne. Unser Weiterweg zum Dreiländereck geht zuerst geradeaus und dann ein kurzes Stück nach rechts. Gleich darauf zweigen wir nach links hinunter ab. Über Wiesen und Weiden führt uns die Spur, unten sehen wir wieder eine Windschutzhecke. Geradeaus über einen geteerten Weg hinweg und weiter bis zur Straße hinab. Hier kommt eine Rechts-/Linkskombination, die uns beschildert zum Dreiländereck weist. Auf dem Teerweg halten wir uns bis zu einer Gabelung geradeaus und dann nach rechts.

Wir kommen über eine Wiese auf ein Waldstück zu und eine *weiße 7 auf schwarzem Grund* zeigt uns den richtigen Weg. Es geht nämlich geradeaus auf einem schmalen Pfad in den Wald hinein. Da sich das Dreiländereck – welche Länder stoßen denn wohl dort aneinander? – unten am Ketzerbach befindet, müssen wir nun einige Meter abwärts steigen. Immer geradeaus der *7* nach hinab und dann stehen wir am **Dreiländereck.**

Am rätselvollen Ketzerstein

Hessen, Nordrhein-Westfalen und Rheinland-Pfalz, diese drei Länder grenzen hier aneinander. Ein alter Grenzstein zeigt an, daß genau hier auch schon in früherer Zeit Grenzen gezogen wurden. Auf dem Steg über den Ketzerbach hinweg und nun wandern wir auf hessischem Boden. Wenig später treffen wir auf einen breiteren Weg, auf dem wir uns nach rechts halten. Das Dreiländereck war der tiefste Punkt der Runde, jetzt müssen wir ein Weilchen mit, allerdings sanften, Anstiegen rechnen. Da kommt eine Bank zum Verschnaufen gerade recht!

Wir kommen zu einer Straße, überqueren sie und folgen der *weißen 7 auf schwarzem Grund* nach rechts, nun wieder in Richtung Fuchskaute. Auch das *weiße I* ist wieder da. Zweimal geht es lange geradeaus und dann blicken wir über Weiden hinüber zur Erhebung des Ketzersteins. Noch einmal leicht ansteigend, dann geht es ebener weiter. Wir treffen auf einen Weg, dem wir nach rechts, den Markierungen nach, folgen. Aufmerksam schauen wir nach den Zeichen, die uns dann nach links auf einen Grasweg weisen. Wieder sehen wir zahlreiche Windräder, die die kostenlos strömende Luft in elektrische Energie umwandeln. Immerhin kann so eine Windkraftanlage pro Jahr etwa 70 Häuser mit Energie versorgen!

Bald kommt am Waldrand wieder eine Bank, hier haben wir uns eine Rast redlich verdient. Ein wenig später, übrigens leicht abwärts, kommt an einer dicken alten Buche noch eine Sitzgelegenheit.

Halbrechts geht es hier markiert weiter und dann hinauf zu der wunderschönen Heidelandschaft der Fuchskaute. Preiselbeeren, Heidekraut, Wacholderbüsche und viele andere Blumen und Pflanzen in allen Farben und Größen wachsen auf dem weichen Boden. Dazwischen zirpen die Grillen und flattern bunte Schmetterlinge. Und wer sieht daraufhin den Masten vom Anfang der Runde wieder?

Wie kommt man zum Parkplatz an der Fuchskaute?
Die Fuchskaute liegt an der B 414 zwischen Bad Marienberg und Herborn. Die Zufahrt zum Parkplatz ist beschildert. Der Parkplatz befindet sich oberhalb des gleichnamigen Hotels.

Weglänge: 10 km

Einkehrmöglichkeit:
Hotel-Restaurant „Fuchskaute", Telefon 0 26 67/3 68

Hinweis:
Wer die schwankende Polarität am Ketzerstein überprüfen möchte, sollte an einen Kompaß denken.

Kartenempfehlungen:
Landesvermessungsamt Rheinland-Pfalz
1 : 25 000   Ferienland Westerwald (Bad Marienberg, Westerburg), Runde nur zum Teil darauf
1 : 50 000   Wandern und Radwandern im nördlichen Westerwald Hessisches Landesvermessungsamt
1 : 50 000   Lahn-Dill-Kreis

Auf den Drachenfels, in die Drachenhöhle und auf Schloß Drachenburg bei Königswinter

Einen etwas gefährlichen Abstecher nach Nordrhein-Westfalen machen wir bei diesem Ausflugstip. Überall wimmelt es hier nur vor Drachen. Ob wir uns durch den Höhlengang schlängeln, um den Archosaurus zu entdecken, ob wir das Schloß Drachenburg besichtigen oder ganz hoch bis zu den weithin sichtbaren Mauerresten der ehemaligen Befestigung auf dem Drachenfels steigen – immer begleitet uns auf irgendeine Art und Weise das feurige Fabeltier.

Wer streckt uns hier die Zunge raus?

Der Drachenfels gehört nicht mehr zum Westerwald, sondern schon zum Siebengebirge. Aber nachdem wir den hoch aufragenden Drachenfels von Unkel (Kapitel 13) und erst recht von Bad Honnef-Rhöndorf (Kapitel 12) immer vor unserer Nase gesehen haben, soll der „meistbestiegene Berg Europas" auch in diesem Band kurz erwähnt und beschrieben werden.

Ausgangsort ist Königswinter am Fuße des Drachenfelsens. Als erstes müssen wir nun überlegen, wie wir den Drachenfels erklimmen wollen. Wir haben hier nämlich mehrere Möglichkeiten:

Auf dem Drachenfels

1.   Möglichkeit:
Die sportlichste Variante ist die Besteigung zu Fuß. An der Talstation der Drachenfelsbahn beginnt der anfangs recht steile Anstieg.
Allerdings wird er mit Kiosken, Einkehrmöglichkeiten, dem Besuch
der Drachenhöhle oder einer Führung durch das Schloß Drachenburg „entschärft" und zu einer kurzweiligen Angelegenheit.

Weiter oben kommt man an imposanten Felsverankerungen vorbei, die den Drachenfelsen für die nächsten Generationen sichern sollen. Früher befand sich hier am Drachenfels ein Steinbruch.

2. Möglichkeit:
Mit der Drachenfelsbahn. Die Zahnradbahn überwindet auf der 1500 Meter langen Strecke 220 Höhenmeter mit einer Steigung von bis zu 22 Prozent. Schon seit Juli 1883 befördert die Bahn Ausflügler, anfangs mit Dampfloks, aber heutzutage verkehren moderne elektrische Triebwagen. Mit dieser Bahn ist man am schnellsten und bequemsten auf dem aussichtsreichen Gipfel des Drachenfelses. Die letzten Meter zur Ruine hoch darf man allerdings noch zu Fuß zurücklegen.

3. Möglichkeit:
Ein Eselsritt. Diese Aufstiegsvariante, die allerdings nur für Kinder geeignet ist, ist sicher ein besonderes Erlebnis. Allerdings kann man hierbei nur die Hälfte des Aufstiegs zurücklegen.

Nun die Sehenswürdigkeiten kurz im Überblick:

Drachenfels
Um den sagenumwobenen Felsen ranken sich viele Legenden. Von Siegfried – dem Inbegriff des Helden im 19. Jahrhundert – und dem Drachen, vom Nibelungenschatz und den sieben Riesen.

Von der Terrasse an der Bergstation haben wir schon einen weiten Ausblick über den Rhein, seine Städte und Höhenzüge rechts und links davon. Bei genauem Hinsehen erspähen wir sogar das Haus Konrad Adenauers in Rhöndorf.

Die Mauerreste der Ruine erreichen wir nach einigen Minuten Aufstieg. Ein prächtiger Ausblick über den Rhein bis nach Bonn („Langer Eugen"), manchmal sogar bis nach Köln zum Dom und vieles mehr entdecken wir von ganz oben.

Schloß Drachenburg
Auf halber Strecke des Aufstiegs, hier hat die Zahnradbahn auch eine Haltestelle, liegt das Schloß Drachenburg. Mit seinen vielen Türmchen hat es eine ganz eigene Silhouette. Die Esel, die uns (vielleicht) bis hierher hoch getragen haben, waren vor über 100 Jahren auch schon im Einsatz. Nein, natürlich nicht die gleichen, zugegebenermaßen. Damals hatten sie auch eine andere Aufgabe, sie mußten nämlich das reichliche Baumaterial für das Schloß heranschaffen.

Die Eigentümer haben in dieser doch verhältnismäßig kurzen Zeit seit Baubeginn 1881 mehrmals gewechselt und heute ist das Schloß im Besitz der Nordrhein-Westfalen-Stiftung, die eine umfassende Restaurierung und Konservierung eingeleitet hat.

Die Nibelungenhalle mit der Drachenhöhle und dem Reptilienzoo
Auf halbem Weg zwischen Schloß Drachenburg und der Talstation der Drachenfelsbahn liegt die Nibelungenhalle mit der Drachenhöhle und dem Reptilienzoo.

In der abgedunkelten Nibelungenhalle wirken die großen Wandgemälde aus der Nibelungensage wirklich eindrucksvoll. Von leiser Musik untermalt, finden wir uns plötzlich wie in einer anderen Welt wieder. Spannend wird es daraufhin im künstlich angelegten Höhlengang. Hier begegnet uns der Drache, den Siegfried in der Nibelungensage bezwungen haben soll. Im Reptilienzoo sind die Tiere dagegen lebendig: Schlangen, Echsen, Krokodile, Skorpione, Alligatoren und vieles mehr können wir betrachten.

Wie kommt man nach Königswinter?
Mit dem Pkw: Von der A 3 Köln – Frankfurt, Ausfahrt Königswinter/Siebengebirge oder von der A 59 Köln – Königswinter. Die Parkplätze im Bereich der Drachenfelsbahn sind beschildert.
Mit öffentlichen Verkehrsmitteln: Straßenbahnlinie 66 von Bonn Hauptbahnhof bis Königswinter

Weglänge: 3 km

Drachenfelsbahn
Öffnungs- bzw.
Fahrzeiten:

März und Oktober		10.00 – 18.00 Uhr
April		10.00 – 19.00 Uhr
Mai bis September		9.00 – 20.00 Uhr
Fahrzeit alle 30 Minuten, bei Bedarf zusätzliche Zwischenfahrten		
Januar, Februar und November (bis Buß- und Bettag)		
montags bis freitags		12.00 – 17.00 Uhr
samstags und sonntags		11.00 – 18.00 Uhr
Fahrzeit stündlich		

Fahrpreise:	Bergfahrt	Talfahrt	Berg- und Talfahrt
Erwachsene	DM 10,00	DM 9,00	DM 13,00
Kinder (4 bis 13 J.)	DM 6,00	DM 5,00	DM 7,00
	Kinderwagen und Hund jeweils		DM 1,00

Bei Gruppen gibt es ermäßigte Preise, Schulklassen ab 15 Schüler (bis 18 J.) erhalten den Kindertarif.

Auskünfte:
Bergbahnen im Siebengebirge AG
Drachenfelsstraße 53, 53639 Königswinter
Telefon 0 22 23/9 20 90, Telefax 0 22 23/47 34

Eselsritt zum Schloß Drachenburg
1. April bis 31. Oktober
samstags, sonn- und feiertags   ab 11.00 Uhr
In den Ferien von Nordrhein-Westfalen täglich sowie nach Vereinbarung.

Kosten: pro Kind (max. 60 kg)   DM   15,00

Auskünfte: Familie Muhr, Telefon 0 22 23/2 46 50

Schloß Drachenburg
Öffnungszeiten: 1. April bis 31. Oktober   11.00 – 18.00 Uhr
                   montags geschlossen

Führungen: letzte Führung um ca. 17.30 Uhr

Eintritt: Park   DM   1,00
                   Schloßbesichtigung mit Führung:
                   Erwachsene   DM   4,00
                   Jugendliche   DM   2,00
                   Kleinkinder   frei
                   Gruppen ab 10 Personen   DM   3,00
                   Familien (2 Erwachsene, 2 Kinder)   DM   8,00

Auskünfte: Telefon 0 22 23/2 61 55

Nibelungenhalle mit Drachenhöhle und Reptilienzoo
Öffnungszeiten: 15. März bis 15. November
                   täglich   10.00 – 18.00 Uhr
                   16. November bis 14. März
                   nur samstags, sonn- und
                   feiertags und in den
                   Weihnachtsferien   11.00 – 16.00 Uhr
Eintritt: Erwachsene   DM   6,00
                   Kinder   DM   4,00
                   Gruppen ab 15 Personen   DM   5,00
                   Schülergruppen   DM   3,50

Auskünfte: Telefon und Telefax 0 22 23/2 41 50

Einkehrmöglichkeiten:
Panorama-Bergrestaurant auf dem Drachenfels, verschiedene Möglichkeiten am Aufstieg und in Königswinter.

Hinweis:
Das Siebengebirgsmuseum in Königswinter bietet einen Überblick über die wechselvolle Geschichte der Region. Museumspädagogische Angebote, Betreuung von Schulklassen und naturkundliche Exkursionen können durchgeführt werden.

Weitere Auskünfte:
Siebengebirgsmuseum Königswinter
Kellerstraße 16, 53639 Königswinter
Telefon 0 22 23/37 03

Informationen zu Königswinter und weiteren Unternehmungen:
Tourismus GmbH Königswinter
Drachenfelsstraße 11, 53639 Königswinter
Telefon 0 22 23/91 77-13, Telefax 0 22 23/91 77-20.

Wir besuchen das Konrad-Adenauer-Haus in Bad Honnef-Rhöndorf

Wer kann sich vorstellen, wie ein Bundeskanzler lebt bzw. gelebt hat? Wir sind zwar nicht beim jetzigen Bundeskanzler zu Gast, dazu hätte der bestimmt auch keine Zeit. Aber immerhin lernen wir bei diesem Ausflug das Privathaus eines der bekanntesten Männer der deutschen Geschichte kennen, nämlich das von Konrad Adenauer. Nach seinem Tode im Jahre 1967 wurde das schmucke Haus von seinen Kindern der Öffentlichkeit als Museum zur Verfügung gestellt. Es ist immer noch so eingerichtet, wie es zu Lebzeiten Konrad Adenauers war. Auch das Grab des bekannten Staatsmannes ist nicht weit entfernt, wir wollen es auf einer kurzen Wanderung, die uns um Rhöndorf und in die Wälder führt, besuchen.

Wir starten in Rhöndorf in der Ortsmitte. Ein Brunnen, der **Drachenfelsbrunnen**, spendet Wasser. Die Gemeinde übernimmt wohl keine Garantie für die Qualität des Wassers, da ein Schild „Kein Trinkwasser" am Brunnen angebracht ist. Aber man sieht viele Leute, die das frische Naß in Kanister abfüllen, weil es ein besonders gutes Wasser sein soll.

Der Weg in Richtung *Waldfriedhof* und *Konrad-Adenauer-Haus* ist geradeaus beschildert und wir kommen an schönen Fachwerkhäusern vorbei. Nach 50 Metern zweigt nach rechts, kurz vor einer hübschen Brunnenanlage und wiederum beschildert, der Fußweg zum Konrad-Adenauer-Haus ab. Immer geradeaus durch ein Wohngebiet erreichen wir die Gedenkstätte „**Stiftung Bundeskanzler-Adenauer-Haus**".

In der Gedenkstätte sieht man viele persönliche Stücke aus dem Besitz Konrad Adenauers, Filme und Videos zeigen verschiedene Abschnitte und Begegnungen aus seinem Leben. Sein Haus, das er 1937 nach eigenem Entwurf in einem ehemaligen Weinberg bauen ließ, kann man allerdings nur im Rahmen einer Führung von innen besichtigen. Über 59 Stufen steigen wir – wie er bis als über 90-Jähriger ebenfalls – bis zur Eingangstür hinauf. Die Palownia am Fuße der Treppe, ein japanischer Baum, wurde von ihm eigenhändig gepflanzt.

Der neuneckige Pavillon, der im Garten steht, ist ebenfalls von ihm selbst entworfen worden. Die Bocciabahn darf auch nicht fehlen, der Staatsmann liebte nämlich das Spiel mit den Kugeln über alles. Der Gartenliebhaber Konrad Adenauer kümmerte sich persönlich um seine Rosen und hielt zudem Tiere aller Art.

In Rhöndorf am Drachenbrunnen

Mit vielen Eindrücken verlassen wir das Konrad-Adenauer-Haus. Wenn wir uns anschließend noch ein wenig in der Umgebung umschauen wollen, halten wir uns in der „Konrad-Adenauer-Straße" nach links. Geradeaus auf einem Fußweg setzen wir unseren Weg an einem Spielplatz vorbei fort. In der „Wolkenburgstraße" geht's geradeaus weiter. Am Ende dieser Spielstraße wenden wir uns nach links aufwärts. Nochmals links halten und dann rechts den „Brieberichweg" hoch.

Wir verlassen allmählich die Ortschaft, und der befestigte Weg geht in einen Hohlweg über. An den letzten Häusern vorbei und dann halten wir uns an einem Zaun nach rechts. Auf dem Pfad steigen wir aufwärts und erhaschen durch die Bäume und Häuser hindurch Ausblicke auf den Rhein. An der nächsten Bank müssen wir nur noch wenige Schritte nach links bergauf und ein gemauerter Aussichtspunkt ist erreicht. Wie schön breitet sich die Welt zu unseren Füßen aus!

Noch ein paar Schritte geht es aufwärts, nach links weiter, dann noch ein kleiner Anstieg und daraufhin wird das Gelände ebener. Immer geradeaus kommen wir an einem Hochsitz vorbei und weiter zu einer Verzweigung. Nach links in Richtung Rhöndorf um die Kurve herum ist für uns richtig. An der nächsten Kreuzung mit Bank könnten wir uns überlegen, wie weit wir unsere Runde noch ausdehnen wollen. Hier zweigt nämlich ein Wanderweg nach Breiberg und zur Löwenburg ab. Wir halten uns jedoch weiterhin geradeaus und gelangen zu einer Schutzhütte.

An dieser Schutzhütte wenden wir uns nach links und folgen der Beschilderung in Richtung Rhöndorf. Auf dem Pfad geht es nun abwärts. Eßkastanienbäume und überraschend viele Stechpalmen säumen hier den Weg. Über Schieferfelsen abwärts und dann um eine Kurve herum. Wir erkennen die obersten Häuser von Rhöndorf, bleiben aber auf dem Waldweg. Immer weiter geht's hinunter, und wir erreichen eine Kreuzung. Hier sehen wir einen Eingang in den Waldfriedhof, und wer das Grab Konrad Adenauers besuchen möchte, kann dieses Türchen benutzen. Nach rechts hoch findet man sein Grab, kleine Pfeile weisen die Richtung dorthin.

Ansonsten wandern wir nun das Tal nach links weiter abwärts und kommen auf einer schmalen Anliegerstraße („Löwenburgstraße"), mit einem kleinen kanalisierten Bach an der Seite und an schmucken Fachwerkhäusern vorbei, in den hübschen Ort Rhöndorf zurück.

Wie kommt man nach Bad Honnef-Rhöndorf?
Mit dem Pkw: Von der A 3 Köln – Frankfurt, Ausfahrt Königswinter/Siebengebirge oder von der A 59 Köln – Königswinter, Ausfahrt B 42 Rhöndorf. Bad Honnef-Rhöndorf liegt unterhalb des Drachenfelses an der B 42. Parkplätze befinden sich in der Ortsmitte in Rhöndorf.
Mit öffentlichen Verkehrsmitteln: Straßenbahnlinie 66 von Bonn Hauptbahnhof bis Rhöndorf

Weglänge: 5 km

🛈 *Stiftung Bundeskanzler-Adenauer-Haus*
Öffnungszeiten: dienstags bis sonntags 10.00 – 16.30 Uhr
montags geschlossen (außer Pfingstmontag),
außerdem am 24., 25., 26. und 31. Dezember sowie am 1. Januar und den Karnevalstagen

Eintritt: frei

Führungen:
Führungen zum Wohnhaus Konrad Adenauers während der Öffnungszeiten ständig nach Bedarf, letzte Führung um 16.00 Uhr.

Auskünfte:
Stiftung Bundeskanzler-Adenauer-Haus
Postfach 11 08, 53581 Bad Honnef
Konrad-Adenauer-Straße 8c, 53604 Bad Honnef
Telefon 0 22 24/9 21-0, Telefax 0 22 24/9 21-1 11
Besucheranmeldung 0 22 24/9 21-2 34

Einkehrmöglichkeiten:
in Rhöndorf

Erlebnisreiche Stunden in Unkel, Linz und auf der Erpeler Ley

Unkel und Linz sind hübsche Städtchen direkt am Rhein. Daher könnten wir hier – zumindest in den Sommermonaten – eine Anreise mit dem Schiff erwägen. In den Sommermonaten und besonders den Sommerferien gibt es zudem bei vielen Schiffahrtslinien besonders günstige Angebote, gerade auch für Familien.

Die Erpeler Ley ist ein hohes Basaltplateau, von dem man eine schöne Sicht hinunter auf den größten Strom Deutschlands hat. Oberhalb der „Brücke von Remagen" hat sich schon viel Geschichte abgespielt. Die mächtigen Pfeiler der ehemaligen Eisenbahnbrücke, die hier ehedem den Rhein überquert hat, sind uns vielleicht bei der An- oder Vorbeifahrt aufgefallen.

Unkel, Linz, die Erpeler Ley, drei Besichtigungsmöglichkeiten bzw. Museen in Linz sowie der Gefängnisturm in Unkel – das sind sieben Unternehmungen, und die Wanderung rund um Unkel ist dabei noch gar nicht mitgerechnet.

Schauen wir uns als erstes in **Unkel** um. Durch die engen Gassen mit den schmucken Fachwerkhäusern zu bummeln und den Gefängnisturm an der Südwestmauer der Altstadt zu besuchen, ist eine spannende Sache. Aber von Unkel aus bieten sich uns auch Wanderwege in jeder beliebigen Länge an. Wir wählen die Runde über den Stuxberg aus und kommen dann zum Schluß zum einstigen Gefängnisturm.

Von den Schiffsanlegestellen halten wir uns nach links, also flußabwärts. Vor uns ragt der Drachenfels (Kapitel 11) auf, den jeder sicher schon mal bestiegen hat. Nicht umsonst ist er schließlich der meistbestiegene Berg Europas. Dann halten wir uns nach rechts in Richtung Bahnhof. Den Bahnhof lassen wir jedoch links liegen und gehen durch die Unterführung. Wer vom Bahnhof aus startet, hält sich nach links zur Unterführung hin.

Nach rechts, mit dem *RV (Rheinhöhen-Verbindungsweg)* als Markierung spazieren wir daraufhin „Auf der Persch" entlang. Geradeaus auf dem Weg weiter, der nur wenige Meter neben dem Bahngleis verläuft. Wenn ein Zug kommt, dann donnert es gewaltig.

Geradeaus ist ein hoher Mast zu sehen, der steht auf dem Stuxberg, auf den wir zustreben. Der *RV*-Markierung und der *rot-weißen Raute* folgen wir daraufhin nach links und überqueren auf einem Steg die B 42. Kurz danach müssen wir nach rechts abbiegen, die Nr. 8 in der *rot-weißen Raute* und die *RV*-Markierung Richtung Linz weisen auf den richtigen Pfad hin. Hier befinden wir uns auch auf dem Unkeler Rundwanderweg, das können wir auf einem Schild nachlesen. Ein zackiger Aufstieg erwartet uns im Wald, im Zick-Zack steigen wir aufwärts.

Wir kommen an Häusern vorbei und zweigen dann nach rechts ab. Die *rot-weiße Raute* mit der *Nr. 8* ist noch unsere Markierung. Wenig später haben wir den Aussichtspunkt auf dem **Stuxberg** erreicht, vom dem wir auf Unkel und den Rhein hinabblicken. Die Augen können den regen Verkehr auf dem Fluß, den Straßen und Schienen beobachten.

Am Füllsender einer Rundfunkstation vorbei, zuerst auf breiterem Weg, dann geradeaus auf einem schmäleren Pfad weiter. Hier folgen wir der *rot-weißen Raute* mit der *Nr. 10*.

Danach geht es auf einem abenteuerlichen Pfad im Wald abwärts, nach rechts um eine Kurve herum und weiter hinunter. Wir halten uns immer geradeaus, auch wenn der Steig manchmal etwas zugewachsen ist (Vorsicht Brennesseln!). Ein kleines Türchen zeigt das Ende des Abenteuerpfades an. Gleich darauf gelangen wir wieder auf den befestigten Weg am Bahngleis. Wir wenden uns nach links und überqueren die Gleise am Bahnübergang. Nun blicken wir wieder von unten auf die steilen Abhänge mit den Felsen und Weinbergen der Stuxhöhe. Der Weg führt uns geradewegs nach *Heister* hinein.

An der ersten Kreuzung halten wir uns nach rechts, darauf nach links und kommen zur B 42 vor, die wir umsichtig überqueren. Auf dem „Backesweg" geht es geradeaus weiter, bis wir an den Rhein gelangen. Links sehen wir die Erpeler Ley, geradeaus ein hübsches Schlößchen, das Schloß Marienfels.

Am Rhein weiß man immer genau, wo man unterwegs ist. Alle hundert Meter weist eine Tafel auf den aktuellen „Kilometer-stand" hin. Wenn wir hier die Kilometertafel mit der Angabe 635,2 sehen und wissen, daß der Gefängnisturm in Unkel kurz nach der Tafel 636,3 kommt, wie weit ist es dann bis dahin?

Neben den sanft ans Ufer plätschernden Wellen, den Frachtern und Ausflugsschiffen spazieren wir diesen guten Kilometer bis Unkel am Rheinufer entlang. Der markante **Gefängnisturm** ist nicht zu übersehen. Normalerweise ist er geschlossen, aber es sind zahlreiche Schlüssel im Umlauf. Beethoven hat in jungen Jahren hier sogar mal eine Nacht verbracht, diese Geschichte kann man ausführlich im Turm nachlesen. Wer mutig auf den engen Leitern bis ins Obergeschoß steigt, kann die Luken öffnen und wie ein Turmwächter vom Turm herabschauen.

Ausdauernde Wanderer können die Erpeler Ley von Unkel aus zu Fuß erstürmen, eine kurze Wegbeschreibung findet man im Infoteil.

Gefängnisturm in Unkel

Den anderen, die es gemütlicher lieben, sei es verraten, daß eine Straße bis hoch zur **Erpeler Ley** führt. Auf dem aussichtsreichen Felsen findet man eine Gaststätte und einen kleinen Tierpark.

Und dann machen wir uns nach **Linz** auf. In der Burg im Ortskern warten nämlich allerlei interessante Unternehmungen auf uns. Zum einen kann man in einer „Römischen Glashütte" einem Glasbläser bei der Arbeit an seinem „warmen" Arbeitsplatz zuschauen, ein „Kinoptikum" und eine „Folterkammer" sind weitere Möglichkeiten für Besichtigungen.

Bei einem Spaziergang durch die malerische Stadt kann man viele Brunnen, teilweise mit beweglichen Figuren (beim Rathaus) und viel Wasser erleben.

Wie kommt man nach Unkel und Linz?
Unkel und Linz liegen an der B 42 zwischen Königswinter und Bad Honnef direkt am Rhein. Parkplätze findet man in Unkel u. a. am Bahnhof, in Linz in der Ortsmitte bei der Burg.

Weglänge: gut 4 km

Gefängnisturm
Den Schlüssel für den Gefängnisturm gibt es beim Verkehrsamt oder in zahlreichen Gaststätten in Unkel gegen Pfand (z. B. Ausweis).

Informationen über Unkel:
Verkehrsamt, Linzer Straße 6, 53572 Unkel
Telefon 0 22 24/33 09, Telefax 022 24/1 04 22

Wanderung zur Erpeler Ley
Bis zum Stuxberg ist der Weg der gleiche wie oben beschrieben. Dann geht es auf dem Rheinhöhen-Verbindungs- und Rheinhöhenweg über Orsberg weiter und durch den Wald zur Erpeler Ley. Abwärts auf einem Pfad nach Erpel und am Rhein entlang kehrt man nach Unkel zurück.

Weglänge: 10 km

Wie kommt man zur Erpeler Ley?
Anfahrt über die B 42 nach Erpel, in den Ort beschildert abzweigen, über die Bahnlinie drüber und dann in Serpentinen aufwärts.

Burg Linz mit Römischer Glashütte, Kinoptikum und Folterkammer/Burgverlies
Römische Glashütte
Öffnungszeiten: April bis Weihnachten täglich   10.00 – 18.00 Uhr
                  Januar bis März
                  nur samstags und sonntags geöffnet
Eintritt: frei

Auskünfte: Telefon 0 26 44/20 39, Telefax 0 26 44/8 03 55

Kinoptikum
Öffnungszeiten: wochentags   11.00 – 17.00 Uhr   [i]
                   samstags, sonn- und feiertags   ab 11.00 Uhr
                   montags geschlossen

Führungen: Für Gruppen und Gesellschaften ab 15 Personen
                   finden auch außerhalb der Öffnungszeiten Führun-
                   gen statt.

Eintritt: Erwachsene   DM   8,00
                   Schüler und Gruppen   DM   7,00
                   Familienkarte (2 Erw. und 3 Kinder)
                   für sämtliche Einrichtungen   DM   30,00

Auskünfte: Telefon 0 26 44/30 81, Telefax 0 26 44/74 49

Folterkammer/Burgverlies
Öffnungszeiten: Ostern bis Ende Oktober
                   täglich   11.00 – 17.00 Uhr
                   montags geschlossen

Eintritt: Erwachsene   DM   4,00
                   Schüler   DM   3,00
                   Familienkarte (2 Erw. und 3 Kinder)
                   für sämtliche Einrichtungen   DM   30,00

Auskünfte: Telefon 0 26 44/30 81, Telefax 0 26 44/74 49

Informationen über Linz:
Verkehrsamt der Stadt Linz
Rathaus am Markt, 53545 Linz am Rhein
Telefon 0 26 44/25 26 oder 1 94 33, Telefax 0 26 44/58 01

Kartenempfehlungen:
Landesvermessungsamt Rheinland-Pfalz
1 : 25 000   Blatt 1 (West) Naturpark Rhein-Westerwald
1 : 50 000   Naturpark Rhein-Westerwald
1 : 25 000   Unkel und Umgebung, herausgegeben vom Kur- und
              Verkehrsverein Unkel e. V.

14 Und mein Schifflein segelt munter ...

Von Bad Hönningen durch die Rheinanlagen nach Ariendorf

> Berg' und Burgen schaun herunter
> In den spiegelhellen Rhein,
> Und mein Schifflein segelt munter,
> Rings umglänzt von Sonnenschein.

Diese erste Strophe stammt aus einem Gedicht von Heinrich Heine. Zahlreiche Dichter und Schriftsteller haben sich – und das über die Jahrhunderte hinweg – mit dem Rhein als Thema beschäftigt. Noch ein Beispiel aus dem Gedicht „Sonntags am Rheine" von Robert Reinick:

> Des Sonntags in der Morgenstund
> Wie wandert's sich so schön
> Am Rhein, wann rings in weiter Rund
> Die Morgenglocken gehn!

Ob wir wirklich so früh dran sind, um die Morgenglocken läuten zu hören?

Bad Hönningen liegt direkt am Rhein, und wir starten dieses Mal unsere Runde bei der weithin sichtbaren katholischen Kirche in der Nähe der Schiffsanlegestelle. Vom Bahnhof kommen wir in wenigen Minuten durch die Fußgängerzone ebenfalls hierher.

Beachten wir den hohen Stein mit den angebrachten Hochwassermarken, da kommt man doch jedes Mal wieder ins Staunen, wie hoch der Rhein schon mal gestiegen ist.

Für unseren Spaziergang halten wir uns flußabwärts. Durch die Rheinanlagen bieten sich uns zwei Wege an, einer ist schmäler und näher am Wasser, der andere befestigt und verläuft schattig unter Bäumen entlang. Bereits nach wenigen Minuten sehen wir einen Spielplatz, das große Wiesengelände eignet sich zudem gut für Ballspiele aller Art. Später laufen beide Wege bei einer kleinen Kapelle aufeinander zu. Rechts oben sehen wir ein Gitter und eine Fahne. An diesem Aussichtspunkt werden wir nachher auch stehen. Aber zuerst heißt es nun, durch die Unterführung zu gehen und sich daraufhin auf dem „Markenweg" nach links zu halten.

Wir bleiben auf dem „Markenweg", der schon zu Ariendorf gehört, und gehen vor bis an die Kirche. Hier heißt es gut durchzuatmen, denn nun geht es ein kurzes Stück aufwärts. Der *Rieslingpfad*, der mit

Das ist Wachturm Nr. 1 der römischen Grenzbefestigung

einer *grünen Traube auf weißem Grund* markiert ist und das *R* des *Rheinhöhenweges* weisen uns die richtige Richtung. Um eine Kurve herum und dann zweigt nach rechts ein schmaler Pfad ab, ja, so macht das Steigen mehr Spaß! Kurz darauf ist das meiste schon geschafft. Ein erster Aussichtspunkt zeigt an, wieviel Höhe wir bereits gewonnen haben.

Daraufhin geht es am Hang entlang weiter, immer begleitet von den Geräuschen, die für den Rhein so typisch sind. Was hören wir alles? Lauscht doch mal! Oder habt ihr schon mal den Geruch der Kastanienbäume, die rechts und links den Steig säumen, wahrgenommen?

Bald darauf haben wir den Aussichtspunkt erreicht, zu dem wir vorher hochgeschaut haben. Große Teile unserer Runde können wir von hier aus einsehen. Die markante katholische Kirche, an der wir gestartet sind, die Rheinanlagen, die Unterführung, den langgezogenen „Markenweg", aber nicht nur das erkennen wir, nein, noch viel weiter reicht der Blick. Nach rechts z. B. die Erpeler Ley, gegenüber von Bad Hönningen liegt auf der anderen Rheinseite Bad Breisig, weiter links Burg Rheineck und Brohl-Lützing.

Ohne *R-Markierung* geht es weiter, nun abwärts. Es kommen noch mehr Bänke mit Aussicht, das als Tip, falls hier oben mal Hochbetrieb herrschen sollte. Abwärts erreichen wir einen Torbogen, der das Schloß Arenfels ankündigt. Rechts zweigt ein Steig hinunter ab, das ist der kürzeste Rückweg. Oder geradeaus durch den Laubengang zum Schloß hinunter, das schön inmitten von Weinbergen liegt. Rechts abwärts und – alle wieder gemeinsam – auf dem „Schloßberg" nach Bad Hönningen hinein. Nach links „Am blauen Stein" weiter und dann geradeaus über die Straße hinweg. Ein schmaler Teerweg führt uns zur Fußgängerunterführung am Bärenplatz, die sogar mit Spielgeräten ausgestattet ist. Durch die Fußgängerzone zurück zum jeweiligen Ausgangspunkt.

Wie kommt man nach Bad Hönningen?
Bad Hönningen liegt an der B 42 und direkt am Rhein. Parkplätze findet man in der Nähe des Bahnhofes oder auch am Rheinufer (gebührenpflichtig).

Weglänge: 5 km

Einkehrmöglichkeiten:
Schloß Arenfels (freitags, samstags und sonntags geöffnet) und in Bad Hönningen

Was man sonst noch erleben kann:
Bei Bad Hönningen steht ein besonderes geschichtliches Zeugnis, nämlich der erste Wachturm des Limes. Der Limes diente als Grenzsicherung der Römer und erreichte seine letzte Ausbaustufe mit Palisaden, Graben und Wall im 2. Jahrhundert nach Chr. Er zog sich von hier über 550 Kilometer bis nach Regensburg an der Donau hin. Alle paar hundert Meter wurden die Wachtürme gebaut, die ihren Zugang aus Sicherheitsgründen im ersten Stock hatten und vor allem zur Übermittlung von Nachrichten dienten. Man findet diesen allerersten Turm, wenn man rheinaufwärts geht.

Mögliche weitere Unternehmungen wären ein Besuch der Rheinthermen oder des Minigolfplatzes.

Informationen über Bad Hönningen:
Verkehrsamt und Kurverwaltung
Postfach 254, Neustraße 2a, 53552 Bad Hönningen
Telefon 0 26 35/22 73 oder 1 94 33, Telefax 0 26 35/27 36

Kartenempfehlungen:
Landesvermessungsamt Rheinland-Pfalz
1 : 25 000   Blatt 1 (West) Naturpark Rhein-Westerwald
1 : 50 000   Naturpark Rhein-Westerwald

15 Auf der Brück' von Avignon ...

Unterhaltsame Wanderung bei Döttesfeld

Wer wollte schon längst einmal zu Fuß durch einen Eisenbahntunnel gehen? Bei dieser Tour ist das möglich, und es ist auch wirklich ganz ungefährlich. Wir sind nämlich ein Stück weit auf einer ehemaligen Bahntrasse unterwegs, auf der früher Eisenerz befördert wurde. Interessanterweise gibt es fast parallel dazu eine neuere Eisenbahnlinie, aber selbst die neuere Gleisanlage hat schon ausgedient und ist Geschichte bzw. Vergangenheit. Tja, nichts ist beständiger als der Wandel!

Begegnung unterwegs

76

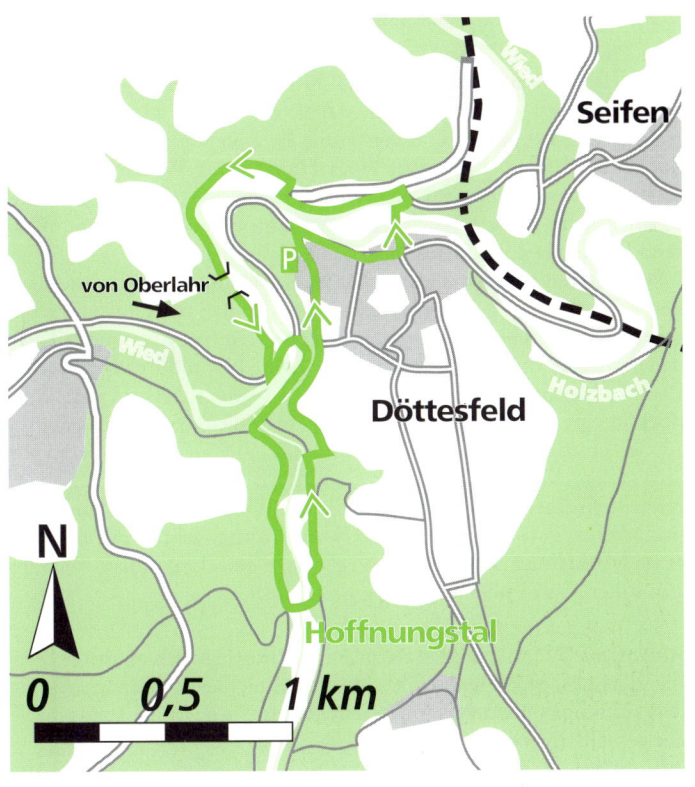

Wie starten am Ortseingang von *Döttesfeld* und gehen in Richtung Ortsmitte. Bei den Wegweisern halten wir uns der *roten D5* und einem *weiß umrandeten roten Viereck* folgend nach links bergab. Ob wir uns die Füße in der Wassertretanlage im Holzbach erfrischen wollen? Dann geht es über die Brücke drüber und nach rechts auf felsigem Untergrund zur nächsten Brücke, auf der wir diesmal die Wied überqueren. Geradeaus sehen wir einen Durchlaß und den ehemaligen Bahndamm der neueren Eisenbahntrasse. Wir müssen jedoch gleich nach links abzweigen, als Markierung sehen wir ein *weißes W auf schwarzem Grund.* Zuerst durch Wald und dann am Waldrand entlang, kommen wir auf dem grasbewachsenen Weg an Pferdekoppeln vorbei. Gegenüber können wir unser Auto auf dem Parkplatz erkennen. Wenig später durchschreiten wir einen Durchlaß. Er gehört zu der erwähnten neueren Bahnanlage, die 1945 gesprengt und nicht wieder aufgebaut wurde. Die Brückenreste ragen – ähnlich wie bei der Brücke von Avignon – ein Stück ins Tal hinein. Also rechts herum dem Pfad nach und anschließend nach links wenige Schritte bergauf. Wir treffen auf einen Weg, auf dem es nach links weitergeht. An der Wied entlang spazieren wir nun weiter. Sie verläuft hier sehr ruhig, hat das einen Grund? Ja, weiter vorne ist eine Staueinrichtung. Die Staueinrichtung diente früher einer Holzsäge als Wasservorratsspeicher. Wozu sie den wohl brauchte, wer hat eine Idee? Genau, die Mühlen liefen früher alle mit Wasserradantrieb und zu diesem Wasserradantrieb benötigt man einen gleichmäßigen Zulauf.

Dann sehen wir den Tunnel. Da man das hintere Ende schon sehen kann, kommt genügend Licht herein, so daß man gut ohne Taschenlampe durchgehen kann. Früher ratterten hier die mit Erz beladenen Wagen durch, das dröhnte und hallte bestimmt ganz gewaltig. Die Markierung *schwarzes W auf weißem Grund* führt uns daraufhin noch in eine hohle Felsengasse hinein. Auch dieser Abschnitt gehörte zu der erwähnten älteren Eisenbahnlinie. Viel zu schnell ist dieser kurzweilige Wegabschnitt vorbei, und wir treffen auf die Straße. Nach links überqueren wir nochmals die Wied und halten uns dann nach rechts. Zwischen Felsen und Wied entlang, geht es mit der gleichen Markierung weiter. Der Weg macht eine Linkskurve und das *schwarze W* weist über einen Steg geradeaus.

Abkürzung: Wer die Runde abkürzen möchte, hält sich an dieser Stelle nach links. Noch ein Stück weit im Tal bleiben und dann beschildert nach links in Richtung Döttesfeld aufsteigen. Ab da geht es wieder gemeinsam weiter.

Für die anderen gilt, geradeaus auf dem Steg den kleinen Bach zu überqueren und zum nächsten Weg hochzusteigen. Hier geht es dann nach links weiter, und wir verabschieden uns vom *W*, das nach rechts weist. Wir spazieren durch Laub- und Nadelwald, breite Rinnen für den Wasserabfluß regen zum Weitsprung an. Der Weg verengt sich zwischendrin zu einem Pfad, und wir werden – natürlich nur in der passenden Jahreszeit – von munterem Vogelgezwitscher begleitet.

Auf dem Weg, auf den wir treffen, halten wir uns links und kommen an einem Haus (Yogazentrum) vorbei. In Richtung Döttesfeld wandern wir nun auf der anderen Talseite zurück. Einen *roten Punkt* und ein *Hirschgeweih* haben wir hier als Markierung. Wir kommen am Rande einer Waldlichtung entlang und an einer Schutzhütte vorbei. Immer geradeaus erreichen wir die Abzweigung, an der ein Schild nach Döttesfeld nach rechts weist.

Jetzt heißt es, einen kleinen Anstieg zu überwinden. Also atmen wir tief durch und steigen auf dem Pfad aufwärts. Links herum und noch ein Weilchen bergan. Dann bleiben wir geradeaus auf dem schönen schmalen Steig im Laubwald am Hang entlang, der nun fast eben verläuft. Ein Blick nach links unten läßt uns die Wiedbrücke erahnen, die wir vorher überquert haben. Bald darauf sind die ersten Häuser von Döttesfeld erreicht.

Nach links hinunter und am Schützenhaus vorbei, führt uns der kürzeste Rückweg. Allerdings sollten wir noch einen Mini-Abstecher zum *Kanzelblick* machen. Nach links über den Parkplatz beim Schützenhaus hinweg und wenige Schritte nach links – schon stehen wir am **Kanzelblick**.

Von hier oben sehen wir nun auch das Stauwehr der Wied, von dem vorher die Rede war. Das Heidekraut und der Duft der Kiefern sind ein auffälliger Kontrast zu den anderen Wegen im eher frischen Tal, auf denen wir heute doch hauptsächlich unterwegs waren, nicht wahr?

Auf der „Deishardtstraße" in Richtung *Jagdhütte* geht es weiterhin bergab, aber kurz danach am Waldrand zweigen wir nach rechts auf den Pfad ab. Immer geradeaus hinab kommen wir wieder ganz ins Wiedtal und zur Straße hinunter. Nach rechts ist in wenigen Schritten der Ausgangspunkt erreicht.

Wie kommt man nach Döttesfeld?
Die Autobahn A 3 bei Willroth verlassen. In Richtung Horhausen und Altenkirchen weiterfahren und dann beschildert im Wiedtal nach rechts in Richtung Döttesfeld abzweigen. Der Wander-Parkplatz befindet sich gleich am Ortseingang.

Weglängen: 5,5 km, mit Abkürzung 4 km

Einkehrmöglichkeiten:
in Döttesfeld

Kartenempfehlungen:
Landesvermessungsamt Rheinland-Pfalz
1 : 25 000   Blatt 2 (Nord) Naturpark Rhein-Westerwald
1 : 25 000   Blatt 4 (Ost) Naturpark Rhein-Westerwald
1 : 50 000   Naturpark Rhein-Westerwald
1 : 50 000   Wandern und Radwandern im nördlichen Westerwald

16 Eine Schiffahrt, die ist lustig ... (Teil 1)

Auf der Wied paddeln und unterwegs sein bei Waldbreitbach

Einen wirklich gemütlichen Tag oder Nachmittag kann man in Waldbreitbach und Umgebung verbringen. An der Wied gibt es einen Bootsverleih, und eine historische Schmiede und Ölmühle, in die man einen Blick werfen kann, steht gleich nebenan. Auf unserem kleinen Spazierweg kommen wir neben vielen Bänken noch an einem kleinen ehemaligen Erzbergwerk und einem Wassertretbecken vorbei.

Waldbreitbach und das mittlere Wiedtal wird von zahlreichen klösterlichen Anlagen geprägt. Hier in Waldbreitbach finden wir das Franziskanerinnen-Kloster „St. Marienhaus". Die Kreuzkapelle, die an der Wied liegt, diente zeitweise den Gründern der beiden franziskanischen Orden als Wohnstatt.

Starten wir zu unserer Tour? Vom Parkplatz folgen wir der Beschilderung in Richtung *Mühlen* und *Bootsfahrt*. Wenige Schritte später stehen wir schon bei einem Steg an der Wied. Prägen wir uns diesen Steg für den Rückweg zum Parkplatz ein! Nun müssen wir uns entscheiden, ob wir als erstes unseren Spaziergang machen wollen oder ob wir uns gleich in Richtung Bootsfahrt orientieren wollen. Eine Entscheidungshilfe ist vielleicht noch, daß die Wege, die wir begehen, eine ganz unterschiedliche Qualität haben. Der Promenadenweg auf der linken Wiedseite ist geteert, dagegen erwartet uns auf der anderen Seite des Flüßchens ein schmaler, ja manchmal sogar etwas ausgesetzter Pfad, der sich durch den Wald schlängelt. Womit beginnen wir? Jede Familie oder Gruppe muß da selbst für sich entscheiden, was am sinnvollsten ist!

Nach rechts geht es in Richtung Bootsfahrt, nach links auf dem Promenadeweg kann man den Rundweg, zunächst am Ufer entlang, starten.

Halten wir uns nach rechts, kommen wir an einer Brücke vorbei und erreichen geradeaus weiter den **Bootsverleih**. Die Wied ist an dieser Stelle extra ein wenig angestaut, so daß man nicht so sehr flußaufwärts paddeln muß. Die **Ölmühle** steht gleich gegenüber und das Wasserrad, mit dem die historische Mühle angetrieben wurde, sehen wir ebenfalls. Bis 1948 wurde hier in der Ölmühle aus Leinsamen, Bucheckern und Raps Öl geschlagen. Wer wohl die Bucheckern gesammelt hat? Da waren damals sicher auch fleißige helfende Kinderhände gefragt. Wo man Bucheckern findet, das dürfte ja allen klar sein, nicht wahr? Aber daß man so viele davon sammelt, daß man Öl daraus machen kann, ist schon erstaunlich.

Dann kehren wir zu der Brücke zurück und überqueren sie. Nach links spazieren wir an der Straße entlang ortsauswärts, und erst kurz

Im schönen Wiedtal

vor dem Ortsende-Schild von Waldbreitbach zweigen wir nach links in den Wald hinein ab. Dieser Pfad ist mit einer *roten W2 auf weißem Grund* gekennzeichnet. Gleichzeitig ist er als *Waldlehrpfad* ausgewiesen, das merken wir an den zahlreichen Tafeln, die aufgestellt sind.

Wir kommen zuerst oberhalb von Tennisplätzen vorbei und dann an einem Sportplatz. Aber auch rechts und links des schmalen Steiges kann man vieles entdecken. Was Kinderaugen alles finden und für interessant und bewunderswert befinden, da muß man als Erwachsener gerade staunen!

Auf dem Pfad erreichen wir eine Gabelung. Nach links hinunter finden wir das Wassertretbecken, das mit dem eigentlich sauberen „Grubenwasser" gespeist wird, aber manchmal eine etwas „rostige" Färbung aufweist. Die Färbung erhält das Wasser von dem eisenhaltigen Gestein. Wer von dem Wassertretbecken aus dann über die Wiese weitergeht, nimmt den kürzesten Rückweg. Aber zuerst sollten wir an der Gabelung noch zwei, drei Schritte geradeaus gehen und dann nach rechts schauen. Da sehen wir nämlich den ehemaligen **Lücks-Stollen**. Der Eingang ist aus Sicherheitsgründen vergittert worden, aber ein genaues Datum verrät den Beginn: 23/10/66. Das passende Jahrhundert dazu dürfen wir uns selbst aussuchen! Tja, da kann das Rätselraten beginnen!

Geradeaus am Lücks-Stollen vorbei geht auch unsere Runde weiter. Der Pfad steigt an, und hoch über der Wied spazieren wir an dem steilen Abhang fast wie richtige Bergsteiger entlang. Um eine Kurve herum und durch eine kleine Seitenschlucht hindurch, schon geht es wieder abwärts. Bald stehen wir wieder unten am Flüßchen und kommen genau bei einem Fußgängersteg heraus. Nach links über die Brücke und nochmals nach links auf dem mit einem *W* gekennzeichneten Weg kehren wir zum Ausgangspunkt zurück.

Wer noch Zeit und Lust auf einen Museumsbesuch hat, kann in Niederbreitbach oder in Kurtscheid, beides ganz in der Nähe gelegen, fündig werden.

In Niederbreitbach lädt das **Dorfmuseum** und in Kurtscheid **Edde's Spielzeugmuseum** zu einem Besuch ein.

Wie kommt man nach Waldbreitbach?
Waldbreitbach liegt im Wiedtal und ist einerseits von Neuwied oder auch von der A 3, Ausfahrt Neuwied, Altenkirchen und über Straßenhaus, Kurtscheid und Niederbreitbach zu erreichen.

Weglänge:	3 km			
Bootsverleih				
Geöffnet:	Ostern bis Ende Oktober			
Preise:				
Ruderboot	1/2 Stunde	1 Person	DM	2,50
		jede weitere Person	DM	1,00
Tretboot	1/2 Stunde	1 Person	DM	5,00
		jede weitere Person	DM	1,00

Einkehrmöglichkeiten:
mehrere Möglichkeiten in Waldbreitbach   ℹ️

Dorfmuseum Niederbreitbach
Öffnungszeiten: 1. Sonntag im Monat   10.00 – 12.00 Uhr
                  und nach Vereinbarung

Eintritt: frei (Spende erwünscht)

Auskünfte: Telefon 0 26 38 / 42 54 oder 80 09 33

Edde's Spielzeugmuseum in Kurtscheid
Blech-Spielzeug, Eisenbahnen, Feuerwehrautos und noch vieles mehr
an Spielzeugen sind seit Jahren das Hobby des rührigen Sammlers.
Mit vielen lustigen aufziehbaren Figuren, die sich bewegen und allerlei witzige Bewegungen machen, dürfen die Kinder selbst spielen, andere werden gerne vom Besitzer vorgeführt.

Öffnungszeiten: samstags und sonntags   10.00 – 18.00 Uhr
                   montags bis freitags für Gruppen nach Vereinba-
                   rung

Führungen: Dauer der Führung ca. 1 $\frac{1}{2}$ Stunden

Einritt: Erwachsene   DM   3,00
                   Kinder   DM   1,50

Auskünfte: Edmund Hardt, Rosenstr. 15, 56581 Kurtscheid
                   Telefon 0 26 34 / 29 55

Informationen über Waldbreitbach:
Touristik-Verband Wiedtal e. V.
Neuwieder Straße 61, 56588 Waldbreitbach
Telefon 0 26 38 / 40 17, Telefax 0 26 38 / 66 88

Kartenempfehlungen:
Landesvermessungsamt Rheinland-Pfalz
1 : 25 000   Blatt 3 (Süd) Naturpark Rhein-Westerwald
1 : 50 000   Naturpark Rhein-Westerwald
1 : 50 000   Wandern und Radwandern im nördlichen Westerwald

17 Kuckuck, Kuckuck, ruft's aus dem Wald

Rund um das Museum für die Archäologie des Eiszeitalters im Schloß Monrepos

Weit in die Vergangenheit zurück führt uns ein Rundgang im **Museum für die Archäologie des Eiszeitalters** im Schloß Monrepos. Es wird nämlich die Geschichte der Jäger und Sammler vor dem Beginn der Zeit von Ackerbau und Viehzucht gezeigt. Wie lange das schon her ist? Die früheste Besiedlung durch den „homo erectus", den aufrecht gehenden Menschen, reicht ungefähr 1 Million Jahre bis etwa um die Zeit bis vor 300 000 Jahren zurück. Die daran anschließende Zeit des Neandertalers umfaßt etwa den Zeitraum von vor 300 000 bis vor 40 000 Jahren. Von 40 000 bis 12 000 v. Chr. war dann die große Zeit der Eiszeitjäger. Um 11 000 v. Chr. brach der Laacher See Vulkan aus und das Mittelrheingebiet wurde mit einer dicken Bimsschicht bedeckt. Die damalige Katastrophe bietet uns aber heutzutage die Gelegenheit, durch Ausgrabungen die ehemalige Lebens- und Geländesituation unverändert vorzufinden, wie es sonst wohl nicht möglich gewesen wäre. Die meisten Fundorte befinden sich auch ganz in der Nähe z. B. in Kärlich-Seeufer, Gönnersdorf, Ariendorf, Andernach-Martinsberg und viele mehr. Sich so einen langen Zeitraum vorzustellen, ist gar nicht so einfach!

Aber daß unsere Vorfahren tatsächlich Jäger und Sammler waren, und daß diese langen Jahrtausende ihre Spuren auch bei uns hinterlassen haben, läßt sich heute noch beweisen. Denn wie viele Leute sammeln etwas! Es gibt nichts, was man nicht sammeln kann! Fast jeder kennt bestimmt jemanden, der so kleine Dinge wie Briefmarken, Postkarten oder Überraschungseier sammelt. Mehr Platz brauchen dagegen schon Biergläser und -krüge, Puppen, Bären, Feuerwehrautos oder Eisenbahnen, und ohne Ende könnte man weitere Sachen aufzählen. Manchmal entstehen aus einer Sammelleidenschaft sogar Museen, so wie z. B. Edde's Spielzeugmuseum in Kurtscheid (siehe Kapitel 16) oder das Feld- und Grubenbahnmuseum bei der Grube Fortuna (siehe Kapitel 30). Man erkennt also wirklich heute noch deutlich unsere Abstammung!

Nach dem Museumsbesuch wollen wir noch eine kleine Runde drehen. Nach links spazieren wir vom Museum aus los, das *R* des Rheinhöhenweges ist zu Beginn die Markierung. Schon kurz darauf kommen wir uns vor wie in Australien. Ein Schild warnt nämlich vor freilaufenden Känguruhs auf den nächsten Kilometern! An den Hofgebäuden vorbei und dann im Wald zweigen wir nach rechts ab. Aber halt, nicht auf dem ersten Pfad, der sich uns nach rechts schräg anbietet, sondern auf dem zweiten nur wenige Schritte später. An einer Gabelung wählen wir daraufhin die linke Möglichkeit und tref-

Wer gut geht, dem geht's gut

fen bald darauf auf einen breiteren Weg. Nach rechts und an der nächsten Verzweigung nochmals nach rechts ist für uns richtig.

Immer geradeaus bleiben wir daraufhin auf dem Waldweg. Im Frühjahr hört man in den Wäldern ja recht oft den Kuckuck seinen Namen rufen. Die einen sagen ja, es bringt Glück, wenn man seinen

Geldbeutel bei sich hat und ihn schüttelt. Aber heute haben wir ja weit in die Vergangenheit zurückgeschaut. Hm, wer kann uns wohl eine Antwort auf die Frage geben, wie lange der Kuckuck schon seine Eier in fremde Nester legt?

Aber schauen und wandern macht hungrig, so paßt es ja gut, daß wir bald zu einer Rastgelegenheit kommen. An einer kleinen Gabelung links und an der Kreuzung geradeaus weiter und durch hellen Laubwald erreichen wir, zum Schluß nach rechts, den Rastplatz an der „Lauseiche".

Dann halten wir uns nach rechts und befinden uns wieder auf dem Rheinhöhenweg, der mit einem R markiert ist. An einer Verzweigung halten wir uns wiederum nach rechts, nach wenigen Metern nochmals. Nun sehen wir geradeaus vor uns die ehemalige Schloßküche, die uns gegenüber des Museums vorher vielleicht schon aufgefallen ist. Das ursprünglich dazugehörige Schloß ist leider nicht mehr erhalten.

An der ehemaligen Schloßküche nach links hinunter, ein *weiß umrandeter blauer Punkt* weist uns die letzten Schritte zum Parkplatz zurück.

ⓘ *Wie kommt man zum Museum für die Archäologie des Eiszeitalters im Schloß Monrepos?*
Das Museum liegt oberhalb der kleinen Ortschaft Segendorf bei Neuwied. Die Zufahrt ist vom Wiedtal, aber auch von den anderen Seiten, deutlich beschildert.

Weglänge: 3,5 km

Museum für die Archäologie des Eiszeitalters im Schloß Monrepos
Öffnungszeiten:	April bis Oktober	
	täglich außer montags	10.00 – 17.00 Uhr
	November bis März	
	mittwochs, samstags	
	und sonntags	10.00 – 17.00 Uhr

Eintritt:	Erwachsene	DM	3,00
	Schüler	DM	1,50

Führungen:	können telefonisch vereinbart werden und kosten zusätzlich:		
	Erwachsene	DM	3,00
	Schüler	DM	1,50
	mindestens aber DM 20,00 pro Gruppe		
	Dauer etwa 1 $\frac{1}{2}$ bis 2 Stunden		

Museumspädagogische Angebote:　ℹ️
Es gibt Führungen für Vorschulkinder, Schulklassenführungen für alle Jahrgangsstufen und Schultypen einschließlich Sonderschulen.
Ein Erlebnisraum bietet die Möglichkeit für eigene Experimente, wie z. B. Zeichnen auf Schiefer, Herstellen von Schmuck, Malen an einer Höhlenwand und Herstellen von Schmuck. Auch Kindergeburtstage können hier gefeiert werden.

Auskünfte:
Museum für die Archäologie des Eiszeitalters
Schloß Monrepos, 56567 Neuwied
Telefon 0 26 31/7 20 43 und 7 20 44, Telefax 0 26 31/7 63 57

Hinweis:
Wer eine größere Runde unterwegs sein möchte, kann auf dem Rheinhöhenweg bis zum Limes wandern.

Informationen über Neuwied und Umgebung:
Verkehrsamt Neuwied, Kirchstraße 52, 56564 Neuwied
Telefon 0 26 31/80 22 60, Telefax 0 26 31/80 23 23

Kartenempfehlungen:
Landesvermessungsamt Rheinland-Pfalz
1 : 25 000　　Blatt 3 (Süd) Naturpark Rhein-Westerwald
1 : 50 000　　Naturpark Rhein-Westerwald

18 Am Dreifelderweiher hat alles angefangen ...

Von Altwied durch das schöne Wiedtal zur Laubachsmühle

Diese Runde ist eine fast ebene Wanderung durch das hübsche Tal der Wied. Vom Ausgangspunkt Altwied wandern wir auf einem schmalen und abenteuerlichen Pfad zur Laubachsmühle, machen einen kurzen Abstecher zu einem kleinen Wasserfall und kehren dann an der Wied entlang nach Altwied zurück. Dort können wir uns dann noch auf der langgestreckten Burganlage umschauen.

Woher kennen wir denn die Wied? Vielleicht waren wir ja schon mal in Linden oder am Dreifelderweiher (siehe Kapitel 21), dann erinnern wir uns sicherlich an das kleine Bächlein, das war auch die Wied. Oder haben in Waldbreitbach einen gemütlichen Nachmittag mit Kahnfahrt erlebt (siehe Kapitel 16). Hier ist die Wied nun, kurz vor der Mündung in den Rhein, nochmals breiter geworden.

Wir starten in Altwied in der Ortsmitte und legen die ersten Meter an der Straße entlang aufwärts zurück. Nach links zweigt es beschildert ab in Richtung *Spielplatz* und *Minigolf,* das als Tip für nachher (oder doch gleich?). Ortsauswärts weiter und dann zweigt nach rechts

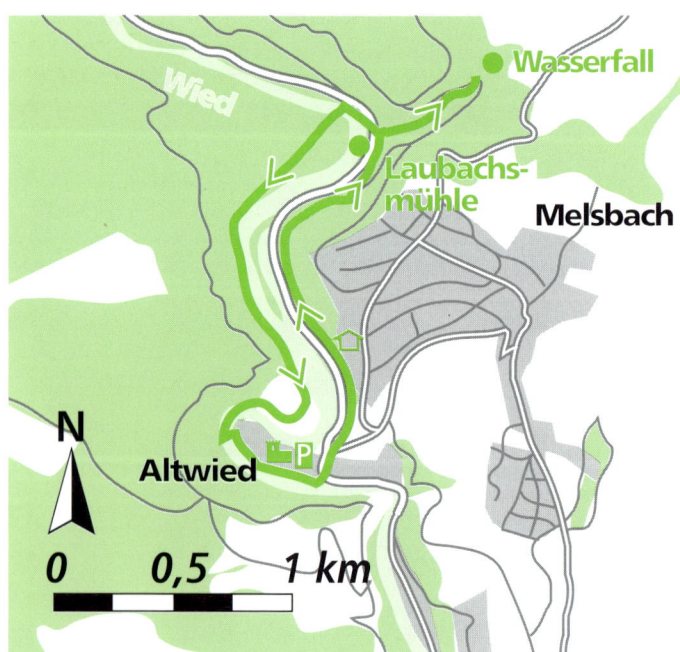

eine Straße in Richtung Melsbach ab und genau an dieser Verzweigung beginnt unser kleiner Pfad, mit einem *W* und *R2* markiert. Die Böschung hinauf und schattig im Wald weiter. Nur ein paar Meter müssen wir ansteigen, dann heißt es, sich an einer Gabelung markiert nach links zu halten. Wenig später nochmals nach links und dann blicken wir auf die Wied hinab und erkennen auch die langgestreckte Anlage der Burg Altwied, die wir am Schluß der Runde besuchen wollen. An einer Schutzhütte vorbei und im schattigen Laubwald spazieren wir genüßlich weiter, immer wieder sehen wir die hoch aufragenden Mauerreste der Ruine.

Dann geht es im Zick-Zack auf dem schmalen Steig abwärts, das Schiefergestein tritt hier deutlich zu Tage. An großen Ameisenhaufen vorbei, kommen wir in Richtung Straße hinunter. Vorher jedoch zweigt nach rechts ein Weg ab, auf dem es markiert weitergeht. Kurz danach müssen wir nach links auf den Pfad, eine *Meise* weist zusätzlich die Richtung. Im Sommer wachsen in diesem Wegabschnitt Pflanzen mit zuerst grünen und dann orangenen Beeren. Wer gerade kein Pflanzenbestimmungsbuch dabei hat, dem sei verraten, daß dies der Aronstab ist. Wir spazieren im Wald weiter und erreichen dann das Gasthaus „Laubachsmühle". Das (Mühl-)Rad dreht sich noch, aber gemahlen wird schon lange nicht mehr.

Wer den kurzen Abstecher zu dem kleinen Wasserfall machen möchte, hält sich nach der Brücke nach rechts und folgt dem Schild in Richtung *Wasserfall* aufwärts. Schon nach wenigen Schritten fällt uns im stillen Seitentälchen sicher auf, daß der Straßenlärm nun ganz verebbt ist. Neben dem Bach geht's aufwärts, dann geradeaus einem *weiß umrahmten grünen Balken* nach. Bald danach gelangen wir zu einer Brücke, hier müssen wir nach links den kleinen Bach entlang. Zuerst hören und dann sehen wir den kleinen **Wasserfall**, der über eine Felsstufe herab plätschert. Es ist wirklich ein idyllisches Bächlein an dieser Stelle. Auf dem gleichen Weg durch das wohltuende ruhige Tal kehren wir zur „Laubachsmühle" zurück.

Wir wenden uns nach rechts, spazieren ein paar Meter auf dem Fußweg an der Straße entlang und überqueren dann auf einem überdachten Steg die Wied. Auf der anderen Talseite treffen wir daraufhin auf einen weiteren Weg, halten uns nach links abwärts und haben dann ein ebenes Wegstück vor uns.

Mal mehr und mal weniger dicht geht es am Ufer der ruhig dahinfließenden Wied entlang, teilweise gesäumt von Felsabbrüchen.

Ein kleiner Bach fließt von rechts der Wied zu, kurz darauf verlassen wir den Wald und kommen über eine Wiese hinweg. Die **Ruine Altwied** steht vor uns, mächtig ragen die Mauern auf. Nach rechts auf dem Pfad weiter und an der nächsten Gabelung nochmals rechts, bleiben wir auf der seitherigen Seite der Wied. Oder wollen wir die Wied an einer Furt überqueren? Dann dürfen wir nach links hinun-

An der Laubachsmühle dreht sich noch ein richtiges Wasserrad

ter. Ansonsten wandern wir die kleine Schleife des Flusses aus und überqueren dann die Wied trockenen Fußes auf einem Fußgänger-steg. Jetzt sind wir wieder in unserem Ausgangsort angelangt.

Auf der „Burgtorstraße" kommen wir ortseinwärts, und wer jetzt hoch zur Ruine möchte, hält sich auf dem „Schloßweg" nach links aufwärts. An hübschen kleinen Fachwerkhäusern vorbei erreichen wir den Eingang zur langgestreckten Burgruine. Nun sehen wir die imposanten Mauerreste ganz aus der Nähe. Hören wir da nicht einen Wasserfall rauschen? Es ist das Wasser der Wied, das unter uns das Stauwehr hinab rauscht. Vom tiefen Brunnen der Burg haben wir den besten Blick auf diesen „Wasserfall" hinunter.

Wie kommt man nach Altwied?
Von Neuwied auswärts auf der B 256 in Richtung A 3 und Altenkirchen. In Niederbieber dann durch das Wiedtal in Richtung Waldbreitbach und Altwied weiterfahren. In Altwied finden wir Parkmöglichkeiten in der großen Straßenkurve (am Torbogen).

Weglänge: 5 km

Burgruine Altwied
Öffnungszeiten:
Die Burgruine wird vom Heimatverein Altwied betreut und zu bestimmten Anlässen geöffnet.

Eintritt: frei

Auskünfte: Verkehrsverein der Stadt Neuwied e. V.
                 Telefon 0 26 31/8 02-0 (Zentrale)
                 Abteilung Fremdenverkehr

Einkehrmöglichkeiten:
Restaurant „Laubachsmühle" und in Altwied

Kartenempfehlungen:
Landesvermessungsamt Rheinland-Pfalz
1 : 25 000   Blatt 3 (Süd) Naturpark Rhein-Westerwald
1 : 50 000   Naturpark Rhein-Westerwald

19 Alle meine Entchen schwimmen auf dem See …

Gemütliche Stauseerunde oder richtige Wandertour im Aubach- und Engelsbachtal bei Oberbieber

Unser Ausgangspunkt im Aubachtal bietet sich für Touren ganz unterschiedlicher Länge an. Da könnte man z. B. ganz gemütlich eine Runde um den See spazieren, diese Strecke ist sogar für Kinderwagen geeignet. Unterwegs kann man auf vielen Bänken rasten oder auch an einer Grillstelle eine Rast einlegen.

Unterhalb des Dammes finden wir ein Wassertretbecken, an warmen Tagen eine schöne Erfrischung für die Beine. Das Baden im See ist übrigens nicht erlaubt, das Schwimmen ist wirklich nur den Enten und anderen Wasservögeln vorbehalten.

Das Schwimmen ist nur den Enten erlaubt

Die Runde um den See ist schnell beschrieben: Geradeaus am See entlang und am Vogelschutz- und -brutgebiet vorbei. Tolle Felsen säumen auf der linken Seite unseren Weg. Dann müssen wir auf einen Pfad nach rechts abzweigen und nochmals nach rechts sind wir schon an der Grillstelle angekommen. Auf der anderen Seeseite kehren wir anschließend zurück. Nach rechts über den Damm zurück. Auf der linken Seite sehen wir eine Wassertretanlage.

Wer eine richtige Wanderung unternehmen möchte, startet an der Übersichtstafel am Parkplatz im Aubachtal nach links den Fußweg hoch. Auf dem Pfad steigen wir aufwärts bis zum Parkplatz Wingertsberg. Hier geht es dann nach rechts weiter, als Markierung haben wir einen *roten Punkt*. Wir wandern nun ein Stück weit auf einem Waldlehrpfad. Die unterschiedlichen Wurzelsysteme werden erläutert, eine abgesägte Baumscheibe mit Jahresringen regt zum Nachdenken über die Zeiträume an, auch die Funktionsweise einer „Vogeluhr" wird erklärt.

Wer mag einen Römerturm sehen? Kurz nach der Vogeluhr nach links und mit wenigen Schritten bergauf, da steht eine Rekonstruktion eines ehemaligen römischen Wachturmes. 1970 wurde er errichtet, eine Skizze und eine Infotafel zeigt die damalige Raumaufteilung. Nach diesem kurzen Abstecher kehren wir wieder auf unseren Pfad zurück.

Geradeaus weiter führt uns der *rote Punkt* dann zu einer Kreuzung mit mehreren Schutzhütten. Weiter geradeaus und nun leicht ansteigend demonstrieren nochmals aufgehängte Baumscheiben mit Jahreszahlen die lange Wachstumszeit eines solchen Baumes. Kurz aus dem Wald hinaus und ein Blick von der nächsten Schutzhütte ins Engelbachtal hinunter zeigt an, daß wir schon enorm an Höhe gewonnen haben. Den Stausee kann man leider von hier aus nicht mehr entdecken, er ist von den bewaldeten Hügeln verdeckt. Geradeaus auf dem grasbewachsenen Weg zu einer weiteren Verzweigung.

Abkürzung: An dieser Stelle kann man beschildert nach rechts hinunter in Richtung Engelsbachtal und Stausee die Wanderung ein gutes Stück abkürzen. Ein kleiner Pfad führt bergab.

Ansonsten geht es geradeaus in Richtung *Rengsdorf* weiter, ein *weiß umrandeter grüner Balken* kommt als Markierung hinzu. An der nächsten Verzweigung bleiben wir geradeaus und erreichen nochmals eine Schutzhütte. Dem *weiß umrandeten grünen Balken* sowie dem

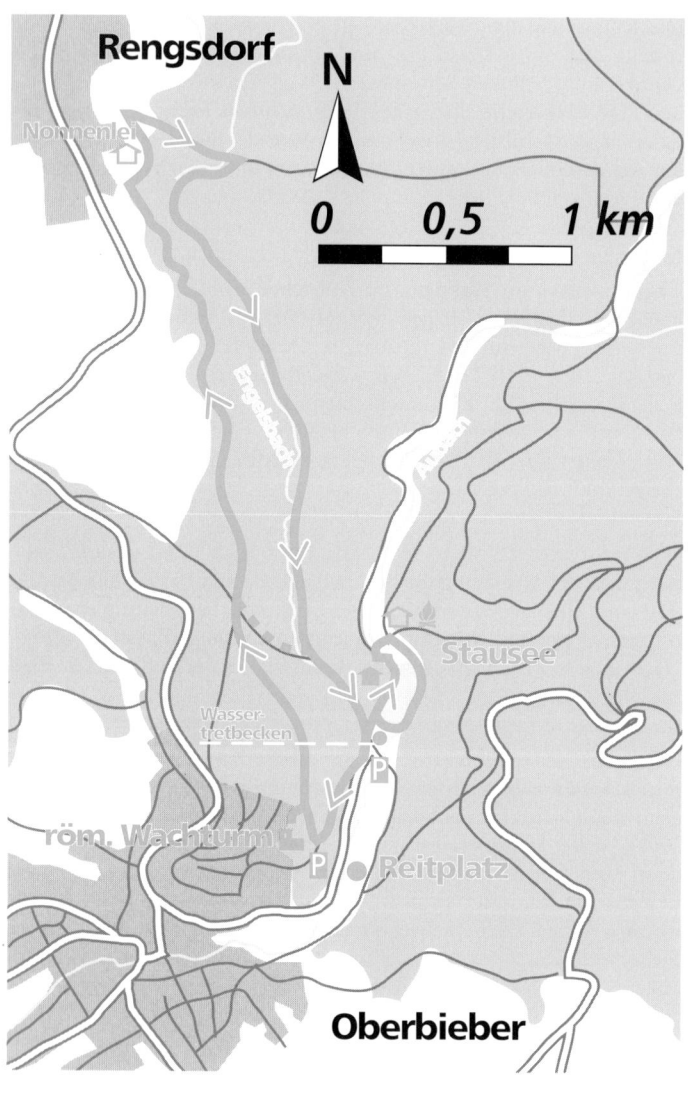

roten Punkt folgend zweigen wir nach rechts ab. Auf dem kurzweiligen Pfad im Wald abwechselnd ein wenig auf- und abwärts wie in einer Berg- und Talbahn. Immer geradeaus wandern wir bis nach
Rengsdorf, bzw. unterhalb daran vorbei. Vom roten Punkt-Wander-
weg, der kurz vor der Ortschaft (zumindest auf der Karte) nach

rechts hinunter ins Engelbachtal führt, sieht man zwar noch die ersten Stufen abwärts, aber die Markierungen an den Bäumen sind entfernt worden.

So folgen wir dem uns schon vertrauten *grünen Balken* und zweigen unterhalb der Ortschaft nach rechts markiert ab. Am Hang entlang kommen wir auf einem schmalen Pfad zu einer schiefrigen Felsenrippe, jetzt sind wir auf der **Nonnenlei**. Hoch über dem Tal ist es nun an der Zeit, unsere mitgebrachte Mahlzeit zu genießen. Auch eine Einkehr in Rengsdorf ist möglich.

Dem *grünen Balken* nach geht es anschließend geradeaus weiter, nun im großen und ganzen bis zum Stausee abwärts. An der nächsten Verzweigung zweigen wir nach rechts in Richtung *Engelsbachtal*, *Oberbieber* und *Stausee* ab. Auf dem steil abwärts führenden Pfad, der auch mit einem *R* sowie einem *weiß umrandeten gelben Punkt* und einem *roten Balken* markiert ist, gelangen wir schnell ins Tal hinunter. Bald sehen wir schon den Bach und überqueren ihn daraufhin auf einer Brücke. Nach rechts in Richtung *Braunsberg* spazieren wir am flachen Bach entlang talabwärts. Links oben wacht ein Drache über das Tälchen. Sieht der Felsen nicht tatsächlich wie der Rücken eines solchen Ungetüms aus?

An der nächsten Einmündung halten wir uns markiert nach rechts und wenig später nach links über eine Brücke. Reitwegzeichen deuten darauf hin, daß die Reiter hier auf ihren eigenen Wegen unterwegs sind. (Die Reitanlage wenig unterhalb des Parkplatzes mit der schön gestalteten Sprunganlage und den unterschiedlichen Hindernissen ist uns vielleicht schon bei der Anfahrt aufgefallen.)

Wir sind schon lange an keiner Schutzhütte mehr vorbeigekommen, aber diese Durststrecke ist nun bald zu Ende. Wir bleiben auf der linken Bachseite und immer geradeaus treffen wir nach einer Weile auf einen befestigten Weg. Leicht bergab ist daraufhin der Ausgangspunkt bald erreicht.

Wer noch Lust auf eine weitere Unternehmung hat, kann den nahegelegenen **Neuwieder Zoo** im Ortsteil Heimbach-Weis besuchen.

Wie kommt man zum Parkplatz im Aubachtal bei Oberbieber?
Auf der A 48 und über die B 9 bzw. B 42 nach Neuwied. Von Neuwied halten wir uns auf der B 256 in Richtung Rengsdorf, Altenkirchen und A 3. In Oberbieber fahren wir geradeaus in Richtung Aubachtal beschildert weiter und achten auf die ausgewiesenen Sackgassen, in die wir nicht geraten sollten. An einer Gabelung nach links zum Parkplatz weiter, nach rechts kommt man zum Landeszentrum für Reitsport.

Weglänge:	Stauseerunde	gut 1km
	Runde in Richtung Rengsdorf	7 km

Einkehrmöglichkeiten:
Hotel-Restaurant „Zum Schwanenteich", in Rengsdorf

Was man sonst noch erleben kann:
In Neuwied bzw. genauer gesagt im Ortsteil Heimbach-Weis gibt es einen Zoo. Ein spezieller Zooführer für Kinder (DM 5,00) vertieft das Wissen rund um die Tiere.

Wie kommt man hin?
Auf der B 42 über das Niederwieder Kreuz oder über Bendorf zur Ausfahrt Block oder Ausfahrt Engers. Die Zufahrt zum Zoo am Waldrand von Heimbach-Weis ist gut beschildert.

Öffnungszeiten:	1. April bis 30. September		9.00 – 18.00 Uhr
	1. Oktober bis 31. März		9.00 – 17.00 Uhr
Eintritt:	Erwachsene	DM	10,00
	Kinder (3 bis 13 J.)	DM	5,00
Fütterungen:	täglich außer freitags		
	Seehunde		10.30 Uhr
			und 15.30 Uhr
	sonn- und feiertags		
	Schimpansen		14.00 Uhr
	Zebramangusten		14.30 Uhr
	Pelikane		15.00 Uhr
	Geparde		16.00 Uhr
Führungen:	nach Vereinbarung		
Auskünfte:	Zooverwaltung	Telefon 0 26 22/8 11 66	
	Zooschule	Telefon 0 26 22/8 19 32	

Informationen über Neuwied und Umgebung:
Verkehrsamt der Stadt Neuwied, Kirchstraße 52, 56564 Neuwied
Telefon 0 26 31/8 02-2 60 und -4 56, Telefax 0 26 31/2 13 26

Kartenempfehlungen:
Landesvermessungsamt Rheinland-Pfalz
1 : 25 000   Blatt 3 (Süd) Naturpark Rhein-Westerwald
1 : 50 000   Naturpark Rhein-Westerwald

Ausflug zur Burg Sayn und zum Garten der Schmetterlinge

> „Die kleine Raupe Nimmersatt
> fraß hungrig sich von Blatt zu Blatt,
> da wurde aus dem kleinen Ding
> ein wunderschöner Schmetterling ..."

Das allseits bekannte Kinderbuch wird im „Garten der lebenden Schmetterlinge" im Schloßpark in Bendorf-Sayn zur sicht- und erlebbaren Realität. Aber bei diesem Ausflug sehen wir noch viel mehr, denn anschließend steigen wir hoch zur Burg Sayn, besuchen bei Interesse das ebenfalls dort untergebrachte Turmuhrenmuseum und machen dann noch einen kleinen Spaziergang, ehe wir wieder zu unserem Ausgangspunkt zurückkehren.

Natürlich ist der **Garten der lebenden Schmetterlinge** das erste Ziel, das wir bei diesem Ausflugstip ansteuern. Das möchte doch sicher jeder mal erleben, wie es ist, wenn Schmetterlinge in allen Größen um einen herum fliegen. Bei 70 % Luftfeuchtigkeit und 26° bis 28° Celsius Wärme fühlen wir uns gleich wie in die Tropen versetzt. Schmetterlinge in allen Farben und mit teilweise enormer Größe sehen wir rings um uns, da ist einer, dort ist einer, ja eigentlich flattern überall welche herum. Die farbenprächtigen Falter stammen aus Afrika, Asien und Südamerika und sie sind immer auf der Suche nach Nektar. Oft sitzen sie daher auf Blüten oder an den extra für sie angelegten Futterstellen mit Bananen und anderen Obststücken. Dort kann man sie natürlich besonders gut beobachten. Aber auch andere Tiere findet man bei genauerem Hinsehen: Zwergwachteln huschen über den Boden, kleine, bunte Finken tummeln sich in ruhigen Stellen der Wasserfälle, und Schildkröten liegen fast regungslos, als ob sie Steine wären, auf Inseln im kleinen Bach. Die zahlreichen Blüten- und Grünpflanzen sind ebenfalls auf die Bedürfnisse der Falter ausgerichtet. Denn jeder Schmetterling braucht ja eine ganz bestimmte Pflanzenart, auf der er seine Eier ablegen kann. Die Blätter dieser Pflanze dienen dann den kleinen ausgeschlüpften Raupen als Nahrung und daher kann es ohne diese bestimmten Pflanzen keinen Nachwuchs geben.

Im Nachtfalter- und Raupenhaus kommen wir zur Kinderstube des Schmetterlingsgartens. Hier können wir nun selbst erleben, wie sich eine Raupe entwickelt. Vom Ei zur kleinen Raupe, die immer Hunger hat und nie satt wird, dabei aber immer mehr an Größe zulegt. Wirklich eindrucksvoll ist es zu beobachten, wie die Raupen in den verschiedenen Stadien aussehen. Anschließend baut sich jede Raupe

Kinderführung im Garten der lebenden Schmetterlinge

ein enges Haus, einen Kokon, der aussehen kann wie ein paar vertrocknete Blätter oder wie Holzstückchen und sie bleibt darin so um die vier Wochen lang. Dann schlüpft sie aus und ist ein wunderschöner Schmetterling geworden.

Natürlich sieht man auf dem Rundgang noch eine ganze Menge mehr, vor allem, wenn man sich Zeit läßt und genau hinschaut und beobachtet. Wer hat z. B. das „Wandelnde Blatt" gefunden? Vielleicht gefällt uns ja einer der prachtvollen Schmetterlinge besonders gut, dann prägen wir uns ihn gut ein, so daß wir ihn uns zu Hause noch ganz lebendig vorstellen und daraufhin aus dem Gedächtnis malen können. Dann haben wir noch lange eine schöne Erinnerung an diesen Tag.

Je nach Jahreszeit empfinden wir – nach dem Aufenthalt in den Tropen – nun die Temperatur im Freien anders als vorher, stimmt's?

Der nebenan befindliche Spielplatz muß natürlich kurz getestet werden, ehe es weitergeht. Dann halten wir uns nach rechts zum Parkplatz der Burg Sayn und in Richtung Straße. Darüber hinweg und dem beschilderten Fußweg nach hoch zur Burg. Wir kommen durch ein Wildgehege und aufwärts an verschiedenen Ruinen der ehemals großen Burganlage vorbei. An einer Bank erwartet uns eine Aussicht auf den unter uns gelegenen Ort Sayn und seine Kirchtürme. An dem einen, der sich fast genau unter uns befindet, kommen wir nachher beim Rückweg vorbei.

Von der Bank aus nur ein kleines Stück weiter, dann nach rechts durch ein gemauertes Tor hindurch. Schön sieht man auf diesem Pfad das Schiefergestein und die dicken Mauern. Ob das Schiefergestein deshalb so heißt, weil es wirklich so „schief" ist? Wozu man es u. a. verwendet hat sieht man mit einem Blick auf die Hausdächer!

Nochmals durch ein altes Burgtor und dann ansteigend weiter erreichen wir einen kleinen Aussichtspunkt und haben daraufhin die **Burg Sayn** erklommen. Sie liegt auf dem Kehrberg und ist die Stammburg der Grafen von Sayn. Im 12. Jahrhundert wurde sie erbaut, 1633 von den Schweden zerstört.

Wir sehen u. a. die Mauerreste der ehemaligen Burgkapelle, die sich im Schutze einer Konstruktion aus Holz und Glas befinden. Den 25 Meter tiefen Brunnen der Burg kann man mit einem Lichtschalter bis hinunter schön ausleuchten. Geradeaus kommen wir zur Burgschänke „St. Hubertus" und zum **Turmuhrenmuseum**, das im Bergfried der Burg untergebracht ist. Eine Vielzahl von Chronometern aus fünf Jahrhunderten warten hier auf interessierte Besucher.

Abwärts halten wir uns auf dem breiten Weg nach links an der Burgmauer entlang und achten in der nächsten Kurve auf den Wanderweg, der nach rechts in Richtung *Abtei, Stromberg* und *Brextal* abzweigt. Dieser Pfad führt uns leicht ansteigend durch lichten Laubwald, *weiße Punkte* an den Bäumen dienen als Markierung. Das Schiefergestein tritt deutlich zutage und wir gelangen an eine Gabelung.

Nach rechts ist richtig und abwärts kommen wir durch einen schönen Wald mit Eichen, Buchen und überall Felsen zwischendrin. An einem Geländer werden wir vor die nächste Wahl gestellt. Nach rechts oder nach links weiter?

Nach links können wir noch einen Abstecher zur Oskarhöhe unternehmen. Dort verlief der Limes, die ehemalige Grenzbefestigung der Römer. Wer weiß denn, wo der erste römische Wachturm des Limes gestanden hat und heute wieder steht? Genau, in Bad Hönningen (Kapitel 14).

Nach rechts kehren wir auf kürzestem Weg zum Ausgangspunkt zurück. Durch die engen Gassen von Sayn, an der 1666 nach der Pest erbauten Pestkapelle mit Pestkreuz und der Sayner Schloßruine vorbei – oben erkennen wir übrigens den Ausguck von vorhin – spazieren wir auf der „Abtei-" und „Brexstraße" zum Parkplatz zurück.

Wie kommt man nach Bendorf-Sayn?

Bendorf-Sayn liegt in der Nähe von Koblenz. Auf der A 48 bis zur Ausfahrt Bendorf fahren und der deutlichen Beschilderung in Richtung Bendorf-Sayn folgen. Es gibt zwei Parkplätze, einer an der B 413 in Richtung Isenburg und einer an der Straße in Richtung Stromberg, Nauort.

Weglänge: 2 km

Garten der lebenden Schmetterlinge
Öffnungszeiten: Frühlingsanfang bis 1. November
                   täglich   9.00 – 18.00 Uhr

Eintritt: Erwachsene   DM   7,00
                   Kinder   DM   4,00
                   Familienkarte   DM   20,00

Auskünfte:
Garten der lebenden Schmetterlinge Sayn
Im Fürstlichen Schloßpark, 56170 Bendorf-Sayn
Telefon 0 26 22/1 54 78, Telefax 0 26 22/1 54 79

Turmuhrenmuseum
Öffnungszeiten: dienstags bis sonntags   14.00 – 17.00 Uhr
                   und für Gruppen nach Vereinbarung
                   montags Ruhetag

Eintritt: Erwachsene   DM   2,50
                   Kinder   DM   1,50
                   Gruppen   DM   2,00

Auskünfte: Verkehrsamt der Stadt Bendorf
                   0 26 22/70 31 05

Was man sonst noch erleben kann:
1. Sayner Hütte
Ein besonderes technisches Denkmal ist die Sayner Hütte. Sie wurde
schon im 18. Jahrhundert gegründet. Die Gießhalle wurde von 1824
bis 1830 errichtet und durch ihren Kunstguß berühmt. Man findet sie
am Ortsende von Sayn (in Richtung Stromberg) auf der linken Seite.

Öffnungszeiten: montags bis donnerstags   16.00 – 18.30 Uhr
                   freitags   13.15 – 18.30 Uhr
                   samstags und sonntags   nach Vereinbarung

Auskünfte: Telefon 0 26 22/12 20

2. Mühlenmuseum
Am Brexbach steht das Mühlenmuseum „Heins Mühle", eine Öl-,
Tabak- und Kornmühle.

Auskünfte: Heins Mühle
         Verkehrsamt der Stadt Bendorf
         Tel. 0 26 22/70 31 05

3. Stadtmuseum in Bendorf

Viele Produkte und Erzeugnisse der Sayner Hütte sind im Stadtmuseum in Bendorf, einem Museum für Sozial- und Industriegeschichte, zu besichtigen. Weitere Informationen über das Verkehrsamt.

4. Prämonstratenser-Abtei zu Sayn

Am Ortsende von Sayn, am Eingang des Brextales, steht das ehemalige Prämonstratenser-Kloster. Der Ursprungsbau geht wohl, wie die Burg, auf das 12. Jahrhundert zurück. Heute präsentiert sich die 800 Jahre alte Anlage dem Besucher in einem weitgehend restaurierten Zustand.

Einkehrmöglichkeiten:

Burg Sayn (montags und dienstags Ruhetag), Café im Garten der lebenden Schmetterlinge und in Bendorf-Sayn.

Informationen:

Verkehrsamt im Rathaus, Im Stadtpark 1, 56170 Bendorf
Telefon 0 26 22/70 31 05, Telefax 0 26 22/70 31 14

Kartenempfehlungen:

Landesvermessungsamt Rheinland-Pfalz

1 : 25 000	Koblenz und Umgebung
1 : 25 000	Blatt 3 (Süd) Naturpark Rhein-Westerwald
1 : 25 000	Blatt 4 (Ost) Naturpark Rhein-Westerwald
1 : 50 000	Naturpark Rhein-Westerwald
1 : 50 000	Naturpark Nassau

21 Heute wandern wir von Spielplatz zu Spielplatz

Rund um den Dreifelderweiher der Westerwälder Seenplatte, „Mitmach-Museum" (MU*SE) in Selters

Der Spazierweg rund um den Dreifelderweiher ist ein schönes und kurzweiliges Ziel für Familien mit Kindern, die sich unterwegs gerne auf Spielplätzen aufhalten. Ein schmaler Pfad führt rings um den See, mal mehr und mal weniger dicht am Ufer entlang. Der Dreifelderweiher ist nämlich zum größten Teil als Naturschutzgebiet ausgewiesen, und zahlreiche (Wasser-)Vögel freuen sich, ungestört brüten und aufwachsen zu können.

Bei unserer Runde um den See laden – wie in der Überschrift angekündigt – immer wieder Spielplätze zu längeren oder kürzeren Aufenthalten ein. An einem Strandbad besteht bei entsprechendem Wetter sogar die Möglichkeit, sich im kühlen Naß zu erfrischen.

Als Ausgangspunkt kann man jeden Punkt am See wählen (Dreifelden, den Campingplatz oder Seeburg), wir starten die Beschreibung jedoch am Waldparkplatz bei Steinen.

Hier erwartet uns gleich schon der erste Spielplatz, schön im Wald gelegen. Wenn wir dann losgehen, folgen wir der Beschilderung in Richtung *Dreifelden*. Als Markierung haben wir eine *blaue Sieben auf weißem Grund*.

Vom See ist im Augenblick noch nichts zu sehen. Wir spazieren im Moment im Wald, wo wir der Markierung nach rechts folgen. Als Zeichen sehen wir auch eine *gelbe D3 auf schwarzem Grund*. Der Weg macht immer kleine Kurven, so daß man gespannt sein kann, wie es weitergeht. Über Stege geht es hinweg, und wir merken, daß der Untergrund ganz morastig ist. Wir sind nun im Südbereich des Dreifelderweihers, haben aber vom See selbst immer noch nichts gesehen.

Aus dem Wald hinaus, und wir erkennen die Hausdächer und die Kirchturmspitze von Dreifelden. Auch auf den Weg vor uns sollten wir achten, denn manchmal krabbeln nämlich schwarze oder bunt schillernde Käfer darüber hinweg. Und wenig später schauen wir über Feucht- und Wiesengebiete auf die Seefläche. Über das ruhige Gewässer blicken wir bis nach Seeburg hinüber. Enten und zahlreiche andere Tiere schnattern, piepsen, quaken und pfeifen in ihrem Schutzgebiet. Wenig später haben wir eine kleine **Beobachtungsplattform** erreicht.

Von dem kleinen Aussichtsturm, den wir über eine kurze Leiter erklimmen, haben wir einen guten Überblick über den Dreifelderweiher. Mit einem Fernglas darf man sich hier auf die Lauer legen und nach den unterschiedlichsten Tieren Ausschau halten. Die Tiere las-

Spiel und Spaß am Dreifelderweiher

sen sich so viel besser und deutlicher beobachten. Je nach Jahreszeit sieht man andere Vögel, auch Zugvögel nutzen dieses Revier als willkommene Raststätte. Kormorane, Fischadler, Rote Milane, Bergfalken, Rohrweihen, Rothalsenten, Möwen, das alles und noch viel mehr wurde hier schon gesichtet.

Beobachtungsstation am Dreifelderweiher

Am anderen Ende des Sees sehen wir – auch ohne Fernglas – den Campingplatz und das Strandbad. Der Dreifelderweiher, das haben wir vielleicht auf einer der Tafeln schon nachgelesen, ist nur höchstens vier Meter tief und wird alljährlich im Oktober abgefischt und abgelassen. Insgesamt gehören zur Westerwälder Seenplatte sieben

Weiher, die früher von den umliegenden Klöstern als Fischweiher benutzt wurden. Mit einer Wasserfläche von 123 Hektar ist dieser See hier der weitaus größte.

Nach links gehen wir dann auf unserer Seerunde weiter. Neben dem Sportplatz entlang kommen wir zu einer weiteren Gabelung. Hier geht es geradeaus zum nächsten Spielplatz, der sich neben dem Feuerwehrgerätehaus von **Dreifelden** befindet. An dieser Gabelung nach links, mit einem *weißen X und W* gekennzeichnet, ist die Fortsetzung der Runde.

Wenig später überqueren wir auf einem Holzsteg die noch junge Wied, die hier in den Dreifelderweiher fließt. Ihr Ursprung liegt in Linden, gar nicht weit weg von hier, unter einer mächtigen alten Buche. Noch vor den ersten Häusern der Ortschaft halten wir uns links und spazieren geradeaus wieder aus dem Ort hinaus. Auf diesem geraden Stück erblicken wir bald auf der rechten Seite wieder Spielgeräte.

Dann heißt es markiert nach links abzuzweigen und wir verschwinden, zumindest in den Sommermonaten, in mannshohem Schilf. Toll, wie so ein dünner Stengel überhaupt so hoch wachsen kann! Ein Pfad auf einem kleinen aufgeschütteten Damm zieht sich durch die Wildnis, in der eine Vielzahl von Pflanzen und Bäumen sich wohl fühlen. Eiche, Buche, Kirsche, Kiefer, Birken, Weißdorn – wer entdeckt sie alle? In diesem Naturidyll gibt es sogar eine Bank mit einem „schmalen" Blick durchs Schilf hindurch auf den See. Auf einem Steg bietet sich uns ein besserer Ausblick und wir erkennen, daß wir schon in der Nähe des Badebereichs sind. Eine Trennkette und Bojen trennen das Naturschutzgebiet, das den Wasservögeln vorbehalten ist, von dem Badebetrieb.

Im angenehmen Schatten und noch manchmal über kleine Stege hinweg kommen wir daraufhin zum Nordende des Dreifelderweihers. Nach links weiter und bei einem Blick über die langgestreckte Seefläche können wir staunen, welche Entfernung wir seit dem Südende zurückgelegt haben.

Die Wied verläßt hier den Dreifelderweiher wieder und macht sich auf ihre noch knapp 100 Kilometer lange Reise bis sie in den Rhein mündet. Am **Strandbad mit Campingplatz „Haus am See"** (mit Bootsverleih), das gleich danach erreicht ist, gibt es daraufhin einen weiteren Spielplatz.

Auf dem Pfad neben der Straße entlang setzen wir unsere Runde fort. Das *weiße X*, die *weiße 4*, ein *weißes K* und die *gelbe D1 auf schwarzem Grund* sind die Wegmarkierungen. Durch Wald und über Felder kommen wir nach **Seeburg**. In der Nähe der kleinen Ansiedlung soll früher mal eine Wasserburg bestanden haben. Nach einer alten Sage hauste auf dieser Burg ein grausamer, habgieriger Ritter. Auf der nahen vorbei führenden „Hohen Straße" überfiel er die Wagen der Kaufleute und sperrte sie in sein Burgverlies ein. Sie mußten darin so lange schmachten, bis sie mit einer großen Geldsumme frei- gekauft wurden. Während eines Zechgelages nahte dann aber die Vergeltung. Ein furchtbares Unwetter ließ die Burg im Morast ver- sinken und zog den Übermütigen mit in die Tiefe.

Vorher haben wir von Dreifelden auf Seeburg herüber geschaut und nun blicken wir von Seeburg nach Dreifelden hinüber, ein schö- nes Gefühl, wenn man zu Fuß so weit kommt!

Auf einmal spazieren wir an einem anderen Weiher entlang. Am Ufer des **Haidenweihers** führt uns der Pfad entlang. Immer gerade- aus weiter gelangen wir zur Schutzhütte Seeburg. Wenig später wech- selt der Pfad auf die andere Straßenseite und immer geradeaus kehren wir zum Ausgangspunkt am Waldparkplatz zurück.

Und wer nun seine Schach- oder Damefiguren dabei hat, findet auf dem Spiel- und Grillplatz einen Tisch mit dem passenden Spielfeld dazu.

Ein ungewöhnliches Museum lernen wir in Selters kennen. Das Mu- seum in der Grund- und Hauptschule Selters (MU*SE) lädt große und kleine Besucher nicht nur zum Besuch, sondern zum aktiven Mitmachen ein. Holz auf einem Sägebock sägen, ein Feuer im Kohleherd anheizen, in der Waschküche Wasser pumpen, auf dem Waschbrett Wäsche rubbeln, in der komplett eingerichteten Schmie- de ein Rundeisen platt schlagen oder ein Proberitt auf dem Mu- seumspferd Hektor unternehmen, es gibt fast nichts, was man hier nicht tun könnte. Geschichte wird hier wirklich lebendig und haut- nah erlebt und vermittelt. Das Museum ist noch im Aufbau und an manche Erweiterung wird noch gedacht.

Wie kommt man zum Parkplatz bei Steinen?
Die Autobahn A 3 bei Montabaur verlassen. Auf der B 255 weiter in Richtung Ettinghausen und Bad Marienberg. Nach Ettinghausen nach links in Richtung Freilingen abzweigen. Geradeaus durch Frei- lingen und weiter bis Steinen. Hier nach rechts abzweigen und im Wald findet man rechts am Spielplatz und links einen Parkplatz.

Weglänge:	6,5 km

Strandbad und Campingplatz „Haus am See"
Öffnungszeiten:	Badebetrieb in den Sommermonaten	
	täglich	8.00 – 19.00 Uhr
	je nach Wetterlage ab Mitte Mai	

Eintritt:	Erwachsene	DM	4,00
	Kinder (bis 10 J.)	DM	3,00

Bootsverleih:	Ruderboot für 4 Personen		
	pro Stunde	DM	10,00

Auskünfte: „Haus am See", 57629 Steinebach/Wied
Telefon 0 26 62/71 47

Tip:
Wer ein Fernglas besitzt, sollte es bei dieser Tour für Tierbeobach-
tungen mitnehmen

Museum in der Grund- und Hauptschule Selters (MU*SE)
Öffnungszeiten: Juni bis September
1. Sonntag im Monat 14.00 – 17.00 Uhr

Führungen:
Führungen für Gruppen (Doppelstunde, Vormittag oder ganzer Tag)
auf Anfrage. Ein schuleigener Zeltplatz mit Lagerfeuer und Grill,
Sportplatz und Waldgelände liegen direkt beim Museum.

Auskünfte:
Oberwaldschule Selters, 56242 Selters, Telefon 0 26 26/9 78 40
oder Dr. Uli Jungbluth, 56237 Nauort
Telefon 0 26 01/13 14, Telefax 0 26 01/37 88

Informationen über Selters:
Tourist-Information der Verbandsgemeindeverwaltung Selters
Amtsstraße 5-7, 56242 Selters
Telefon 0 26 26/7 64 58

Einkehrmöglichkeiten:
in Dreifelden, im Strandbad „Haus am See"
Getränke und Eis in Seeburg

Kartenempfehlungen:
Landesvermessungsamt Rheinland-Pfalz
1 : 25 000   Ferienland Westerwald (Hachenburg, Westerwälder
              Seenplatte)
1 : 50 000   Wandern und Radwandern im nördlichen Westerwald

22 Wie findet man den richtigen Ton?

Auf den Malberg bei Leuterod und zum Schaubergwerk „Gute Hoffnung" bei Siershahn

Bei diesem Ausflug sind wir mitten im bekannten und schönen Kannenbäckerland unterwegs. Was erwartet uns denn hier alles? Einmal unternehmen wir eine kleine Tour auf den malerischen Malberg, dann können wir in einer der vielen Töpfereien, die an der 36 Kilometer langen und extra ausgewiesenen Kannenbäckerstraße liegen, das alte Töpferhandwerk kennenlernen. In Siershahn erfahren wir im Schaubergwerk „Gute Hoffnung", mit welcher Anstrengung man das begehrte Ausgangsprodukt, den weißen Ton, früher gewonnen hat. Wer mag, kann anschließend zu Hause in einem kleinen Experiment selbst feststellen, wie groß etwa die Festigkeit und die Stabilität der früheren Glockenschächte beim Tonabbau unter Tage war.

Zwischen Leuterod und Moschheim liegt der Malberg, eine mit lichtem Laubwald bewachsene und mit vielen mächtigen Felsblöcken, Steinen und vorgeschichtlichen Wallanlagen übersäte Erhebung. In der Fachsprache wird der Berg als „tertiärer Phonolithkegel" beschrieben und falls wir schon den Basaltpark in Bad Marienberg (Kapitel 8) besucht haben, können wir mit der Angabe der Gesteinsart bestimmt schon etwas mehr anfangen. In der Vorzeit soll er sogar ein heiliger Berg gewesen sein, und der Malstein, der dort liegt, und oben an seiner Rinne zu erkennen ist, war der Opferstein. Gegenüber liegt der Hexensprung sowie eine enge Felsspalte, in der soll die „weiße Hexe" gehaust haben. Und wenn man nachts am Malberg ein gewaltiges Getöse, Wiehern, Bellen, Krächzen oder Schreien hörte, dann sagten sich die Leute, daß die „weiße Hexe" ausfahre.

Haben wir, nachdem wir gehört haben, was die alten Sagen erzählen, noch genug Mut für die Runde? Von der Zufahrt des Parkplatzes aus gesehen, halten wir uns nach links und starten unsere schneckenförmige Runde auf den Malberg. Von rechts her kommen wir dann wieder zurück. Schon gleich zu Beginn der Wanderung fallen uns überall die verstreut umherliegenden Felsblöcke auf. Ob hier wohl der Teufel auch einen Teil seiner Ladung verloren hat? Wer allerdings noch nicht auf dem Großen Wolfstein (ebenfalls im Kapitel bei Bad Marienberg beschrieben) war, kann den Zusammenhang nicht verstehen. In diesem Falle bitte nochmals kurz im Kapitel 6 nachschlagen. Wir kommen unterhalb eines Wasserbehälters vorbei und halten uns weiterhin geradeaus. Daraufhin heißt es, nochmals geradeaus zu gehen und immer noch geht es recht eben am Fuße des Berges entlang.

Dann kommen wir zu einer Gabelung, an der wir uns nach rechts aufwärts wenden. Auf diesem Pfad bleiben wir geradeaus bis zur nächsten Kreuzung. Ansteigend nach rechts erreichen wir wiederum eine Kreuzung, dieses Mal mit Bank. An dieser Stelle kommen wir nachher nochmals vorbei, dann allerdings von rechts her, das soll gleich jetzt schon zur Orientierung erwähnt werden.

Im Moment halten wir uns aber geradeaus aufwärts und an der folgenden Gabelung nach links. Die Landschaft rings um uns mit den tollen Felsformationen ist wirklich sehr eindrucksvoll. Wenig später zweigt ein Pfad nach links zu dem kleinen *Marienkapellchen* ab, das schon nach wenigen Schritten erreicht ist. Auf dem Steig haben wir daraufhin bald den Gipfel des **Malberges** erreicht.

Bis weit nach rechts erstreckt sich der mit Laubbäumen bewachsene breite Gipfel. Auch wenn wir auf die höchsten Felsen klettern bleibt uns eine umfassende Aussicht dieses Mal verwehrt. Nur einzelne Blicke durch die Bäume hindurch sind möglich. Aber dafür macht das Klettern auf dem Malberg wirklich sehr viel Spaß, da es Felsen in allen Größen gibt. Überall sieht man Griff- und Trittspuren, das haben wohl schon viele Leute ausprobiert. Selbstverständlich ist hierbei eine gute Portion Vor- und Umsicht absolut notwendig! Wer genau hinschaut, findet sogar Sicherungshaken, die anzeigen, daß hier auch richtige Kletterer aktiv sind.

Aber dieses Gelände ist auch für ein lustiges Spiel sehr gut geeignet, das nicht nur für Kinder interessante Erfahrungen bietet, nämlich das *Steine-Raten*. Das geht folgendermaßen: Man startet an einem beliebigen Ausgangspunkt, den man sich mit irgendeinem Gegenstand markiert oder auch nur gut merkt. Immer zwei Spieler bilden ein Paar. Einer davon schließt die Augen (oder man verwendet zum Verbinden der Augen ein Tuch) und der andere führt den „Blinden"zu einem beliebigen Stein hin. Der darf den Stein dann ein paar Sekunden lang mit seinen Händen fühlen und abtasten. Wo sind Ecken und Kanten, wo ist er mit Moos bewachsen? Daraufhin wird er an den Ausgangspunkt – mit oder ohne Umweg – zurückgeführt. Und dann muß er erraten, zu welchem Stein man ihn hingeführt hatte. Das hört sich vielleicht leichter an, als es in Wirklichkeit ist. Das gleiche Spiel läßt sich übrigens auch ganz prima mit Bäumen machen.

Wer dann irgendwann ans Weitergehen denken will, hält sich nach rechts. Von einem weiteren Felsblock fällt der Blick nach Süden auf ein Tonabbaugebiet, das im Tagebau betrieben wird. Aus was besteht der Ton eigentlich? Ton ist ein Verwitterungsprodukt feldspathaltiger und glimmerreicher Gesteine. Vor ungefähr 40 Millionen Jahren hat er sich in Becken und Mulden stiller Seen in einer Mächtigkeit von etwa 50 Metern abgelagert.

Nun geht es schon wieder abwärts. Auf einem schmalen Pfad steigen wir hinab, immer noch von vielen Felsblöcken und Steinen umgeben. Wir treffen auf einen breiteren Weg, auf dem wir uns nach rechts halten. Es dauert nicht mehr lange und wir sind an der schon bekannten Bank und der Kreuzung von vorhin angelangt. Wer möchte hier nun noch das Bäume-Raten machen?

Geradeaus weiter spazieren wir durch einen schönen hohen Laubwald. Bei einem Blick nach links hinunter sehen wir die glatten langen Stämme der Buchen, die sich in den Himmel strecken. Rechts oben blitzt nochmals die weiße Farbe des kleinen Kapellchens durch die Bäume hindurch und Schritt für Schritt verlieren wir allmählich an Höhe.

Immer geradeaus weiter haben wir nun fast den Berg umrundet. Auf der rechten Seite sehen wir am Ende der Runde noch einen enormen Steinbruch und wenig später ist der Ausgangspunkt wieder erreicht.

Im **Schaubergwerk „Gute Hoffnung"** in Siershahn haben wir die Möglichkeit, die mühsame Arbeit der früheren Tongräber kennenzulernen. In diesem ehemaligen Bergwerk, in dem in den Jahren 1962 bis 1979 Ton unter Tage abgebaut wurde, ist eine sehenswerte Sammlung und Dokumentation zur Tongewinnung entstanden. Der eigentliche Schacht der Anlage führt bis auf 38 Meter Tiefe hinab und ist im Moment für Besucher leider nicht zugänglich, da er voll Wasser steht. Träger des Schaubergwerks ist der Tonbergbauverein Westerwald e. V., der mit viel Liebe die historischen Bergbaugeräte, die zahlreichen Schriftstücke und Fotos für die Besucher aufbereitet hat.

Im Empfangsgebäude sehen und erfahren wir vieles über das „tonangebende" Material dieser Gegend und auch, in wievielen Farben man ihn findet. Weiß, blau, gelb, grün, mager oder fett – alles das können Beschaffenheiten des Ausgangsmaterials Ton sein. Der weiße Ton ist dabei der begehrteste und da man den hier im Westerwald reichlich findet, wird er sogar bis nach Holland, Italien oder Frankreich geliefert.

Die früher übliche Art der Tongewinnung war der Abbau unter Tage mit sogenannten Glockenschächten. Durch das „unbrauchbare" Erdreich und andere Schichten hindurch bohrte man einen engen Schacht, einen Reifen- oder Kesselschacht, so daß gerade die Arbeiter und die Förderkübel Platz hatten. Die Bergleute wurden nämlich nur nach dem Gewicht des geförderten Tons bezahlt und so war es natürlich kein Wunder, daß sie möglichst schnell nach unten kommen

Ein junger Fördermaschinist im Schaubergwerk „Gute Hoffnung"

wollten. Wenn sie dann auf die gewünschte Tonschicht gestoßen waren, stachen sie rund um den schmalen Schacht ein Gewölbe ab, das der Form einer Glocke sehr ähnlich sieht und darum auch so benannt wurde. Diese teilweise doch gefährliche Abbaumethode wurde allerdings 1942 verboten. Warum sie gefährlich war, können wir uns ja fast denken. Denn wer weiß schon so genau, wie lange das Gewölbe hält, ehe es einstürzt!

Sehr anschaulich und interessant sind die originalen Handwerkszeuge wie die Haue, der Spaten oder Spieß, mit denen der Ton abgebaut wurde. Später wurde hier dann Stollenbau betrieben und der Ton aus den zum Teil doch recht langen Strecken unter Tage mit Loren zum Schacht befördert.

Die Gleisanlagen rund um das Bergwerk sind auch noch original erhalten. Da wir ja, wie schon erwähnt, nicht in die Tiefe fahren können, gibt es überirdisch einen nachgebauten Stollen zu bewundern. Ein Blick in den Raum des Maschinisten, der ist wiederum original erhalten, zeigt ein frühes Telefon, die Signalanlage und die Seilfördermaschine, mit der man nicht nur die Loren, sondern auch die Tongräber befördert hat.

In unmittelbarer Nachbarschaft zum Schaubergwerk befindet sich in Richtung Mogendorf ein Tonabbaugebiet im Tagebau, das wir zum Schluß betrachten können. Mit modernen technischen Geräten und Maschinen hat man doch ganz andere Möglichkeiten und vor allem ganz andere Fördermengen als früher! Und manchmal sieht man im Gelände auch noch Reste eines alten Glockenschachtes.

So, nun wissen wir, woher der Ton stammt. Bestimmt interessiert uns auch der nächste Schritt, nämlich, was danach mit ihm geschieht. In Mogendorf – oder auch in anderen Orten der **Kannenbäckerstraße** – können wir schön den weiteren Weg des Tons erleben und verfolgen. Viele Töpfer in den zahlreichen Handwerksbetrieben lassen sich nämlich über die Schulter schauen, wie sie ihn auf den Drehscheiben zu den unterschiedlichsten Gefäßen, Kannen oder Tassen und noch zu vielem mehr verarbeiten. Auch die anderen Arbeitsgänge, wie das Anbringen von Henkeln oder die Bemalung der Gegenstände sieht man dabei.

Wie eingangs versprochen, wollen wir zu Hause mit einem Experiment ausprobieren, wieviel so ein Glockengewölbe aushält. Nehmen wir ein Ei als Beispiel. Das ist doch gewiß zerbrechlich und zeigt uns dennoch aufgrund seiner besonderen Form seine Stabilität.

Dazu brauchen wir vier ausgeblasene Eier: Ganz vorsichtig machen wir oben und unten mit einem spitzen Messer kleine Löcher in die Schale und pusten den Inhalt in eine Tasse. Die Eier stellen wir daraufhin in vier gleich große Eierbecher und dann probieren wir aus, wieviel Druck sie wohl aushalten. Wir ordnen sie so im Rechteck an, daß wir ein Buch darüber legen können. Und dann noch eins und noch eins. Ganz erstaunlich, was die zarten Eischalen aushalten, ehe sie zu zerspringen anfangen!

Wie kommt man zum Parkplatz beim Malberg? [i]
Die A 3 an der Ausfahrt Montabaur verlassen. Auf der B 255 weiter in Richtung Ettinghausen und Bad Marienberg. In Boden nach links abzweigen in Richtung Moschheim. Dort angekommen zuerst nach rechts und dann nach links in Richtung Leuterod weiter.
Der Parkplatz befindet sich zwischen den Orten Moschheim und Leuterod auf der rechten Seite im Wald.

Weglänge: 3 km

Wie kommt man zum Schaubergwerk „Gute Hoffnung" bei Siershahn?
Das Schaubergwerk befindet sich in Siershahn (vom Wanderparkplatz über Leuterod nach Siershahn) und die Zufahrt ist gut beschildert. Zur Orientierung: Es befindet sich östlich des Ortes.

Öffnungszeiten: dienstags bis freitags   9.00 – 15.00 Uhr
                   und nach Vereinbarung auch am Wochenende

Eintritt: Erwachsene   DM   4,00
                   Kinder (7 bis 15 J.)   DM   2,00
                   Familien
                   (2 Erwachsene und Kinder bis 15 J.)   DM   8,00

Führungen: bis 12 Personen   DM   40,00
                   jede weitere Person   DM   3,00

                   Gruppen- und Schulklassenführungen sind, soweit die Witterung es zuläßt, jederzeit möglich.

Auskünfte: Tonbergbaumuseum Westerwald
                   Poststraße, 56425 Siershahn
                   Telefon   0 26 23/95 13 63
                   Telefax   0 26 23/95 13 65

Informationen über die Kannenbäckerstraße:
Westerwald Gäste-Service e. V.
Kirchstraße 48a, 56410 Montabaur
Telefon 0 26 02/30 01-0, Telefax 0 26 02/30 01 15

Kartenempfehlung:
Landesvermessungsamt Rheinland-Pfalz
1 : 25 000   Blatt 2 (Nord) Naturpark Nassau (Höhr-Grenzhausen, Montabaur)

23 Im Frühtau zu Berge ...

Wir besteigen den Köppel im Waldgebiet bei Montabaur

... wir zieh'n, fallera, es grünen die Wälder, die Höh'n, fallera. Wir wandern ohne Sorgen singend in den Morgen, noch ehe im Tale die Hähne kräh'n.

Wer kennt noch dieses beschwingte Wanderlied? In der letzten Strophe heißt es: „Wir sind hinausgegangen, den Sonnenschein zu fangen. Kommt mit und versucht es doch selbst einmal."

Im Frühjahr grünen die Wälder und die Höhen hier bei Montabaur besonders schön und wenn wir nicht so zeitig dran sind, um vor dem ersten Hahnenschrei loszuwandern, so fangen wir ja vielleicht einen Sonnenstrahl ein, den wir im Herzen mit nach Hause nehmen.

Viele Wege führen von allen Seiten auf den Köppel im weitläufigen Montabaurer Stadtwald. Was erwartet uns dort? Auf dem Gipfel des Köppel gibt es einen Rastplatz, eine kleine Wirtschaft und einen Aussichtsturm. Aber – vor den Genuß haben die Götter den Schweiß gesetzt. Dieser alte Spruch gilt auch hier am Köppel.

Wir starten am Parkplatz *Großer Herrgott*. Nach rechts spazieren wir in Richtung *Montabaur* und *Wanderparkplatz Horressen* los. Zuerst geht es durch den Wald leicht abwärts, aber das stimmt. Immer geradeaus gelangen wir an eine Kreuzung. Hier müssen wir uns nach links in Richtung Köppel halten. Auf der linken Seite fließt ein kleines Bächlein, rechts kann man einen kleinen alten Steinbruch erkennen. An einer etwas unscheinbaren Gabelung nur wenig später zweigen wir nach rechts auf einen grasbewachsenen Weg ab. Hier sind wir einige Meter ohne Markierung unterwegs, bald sehen wir aber ein *weißes Kreuz* und eine *römische Vier (IV) auf schwarzem Grund* an den Bäumen leuchten. Mittlerweile merkt man auch, daß wir einen Berg besteigen wollen, es geht nämlich stetig bergauf.

An der nächsten Kreuzung bleiben wir geradeaus, den Markierungen folgend. Auch über den nächsten Weg gehen wir nochmals geradeaus hinweg, bis wir dann auf der linken Seite eine deutliche Schneise sehen. Hier wenden wir uns mit den Markierungen nach links, und über einen Teerweg hinweg beginnt die Schlußetappe.

Wir atmen tief durch und überwinden einen letzten steilen Hang. Und dann ist es geschafft, wir haben den **Köppel** erreicht! 540 Meter sind wir nun über dem Meeresspiegel, und wenn wir den Aussichtsturm besteigen, kommen nochmals 37,5 Meter dazu. Von oben können ein Rundum-Panorama genießen, wir sehen z. B. den Rhein,

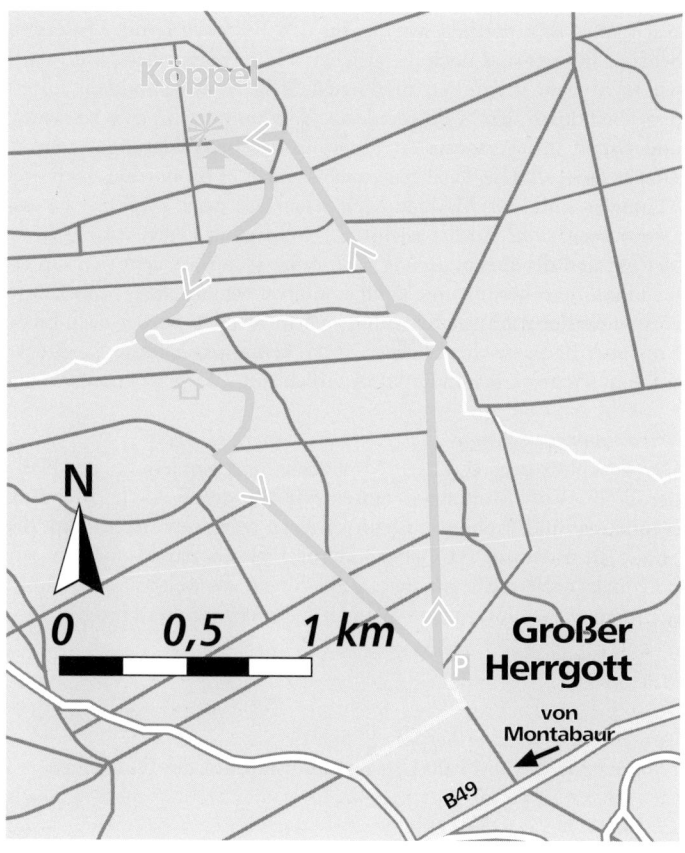

natürlich viel Wald ringsum, das Schloß Montabaur, aber der Blick schweift auch über das Kannenbäckerland bis hin zum Feldberg im Taunus. Wer sich nicht so gut auskennt, dem helfen die Übersichten und Angaben an der Decke des Aussichtsturmes.

Haben wir schon mal darauf geachtet, welche Geräusche oder Gerüche wir im Wald wahrnehmen? Wir können ja auf dem Rückweg unterwegs mal für eine Minute stehenbleiben und jeder versucht, genau zu lauschen und zu riechen. Hinterher tauscht man sich aus, was jedem aufgefallen ist.

Nach einer Rast machen wir uns für den Rückweg fertig. Die ersten Schritte abwärts sind noch die gleichen wie aufwärts, aber dann folgen wir nicht dem bekannten markierten Steig abwärts, sondern folgen dem Pfad durch den Wald geradeaus. Wir kommen an eine Kreuzung und halten uns geradeaus in Richtung der Beschilderung *Parkplatz Großer Herrgott*. Die Tafel zeigt auch an, daß es bis dorthin noch drei Kilometer sind. Als Markierungen sehen wir *zwei weiße Kreuze auf schwarzem Grund*. An der nächsten Verzweigung folgen wir der Markierung und der Beschilderung nach links. Der Weg zieht sich um eine Linkskurve herum und dann kommen wir an einer Schutzhütte vorbei. An der nächsten Kreuzung wenden wir uns wieder nach links. Von einer Bank aus überblicken wir das kerzengerade letzte Wegstück, auf dem wir abwärts wandern und zurück zum Parkplatz gelangen.

Wie kommt man zum Wanderparkplatz Großer Herrgott?
Der Parkplatz liegt zwischen Montabaur und Koblenz in der Nähe der B 49. Von Montabaur fahren wir auf der B 49 in Richtung Neuhäusel und Koblenz. Dann zweigen wir nach rechts auf die Straße in Richtung Hillscheid ab und gleich darauf müssen wir nochmals nach rechts in den Wald hinein abzweigen. Nach links kommen wir daraufhin zum Wander-Parkplatz Großer Herrgott.

Weglänge: 7 km

Aussichtsturm auf dem Köppel
Öffnungszeiten: ab 11.00 Uhr bis zum Einbruch der Dunkelheit

Eintritt: DM 1,00
Das Geld muß passend in einen Automaten geworfen werden.

Auskünfte: Telefon 0 26 23/12 80

Einkehrmöglichkeit:
Köppelhütte beim Aussichtsturm

Was man sonst noch erleben kann:
Im naheliegenden Höhr-Grenzhausen, das an der Kannenbäckerstraße liegt, gibt es zahlreiche Töpfereien und das Keramikmuseum Westerwald. Man findet dort eine große Sammlung historischer und zeitgenössischer Keramik. Alte und neue Töpferkunst kann hier bewundert werden.

Im Kannenbäckerland

| *Öffnungszeiten:* | täglich | 10.00 – 17.00 Uhr | |
| | montags geschlossen | | |

Eintritt:	Erwachsene	DM	4,00
	Kinder (ab 6 J.)	DM	1,00
	Familien	DM	6,00
	Gruppen ab 10 Personen	DM	3,00
Führungen:	für Gruppen (mit Voranmeldung)	DM	40,00

Auskünfte:
Keramikmuseum Westerwald
Lindenstraße, 56203 Höhr-Grenzhausen
Telefon 0 26 24/94 60 10

Informationen über Montabaur:
Verkehrsamt der Verbandsgemeinde Montabaur
Konrad-Adenauer-Platz 8 (Rathaus), 56410 Montabaur
Telefon 0 26 02/1 26-1 11, Telefax 0 26 02/1 26-1 50.
Das weithin sichtbare Schloß von Montabaur ist leider nicht zu besichtigen.

Informationen zur Kannenbäckerstraße:
Mit ihren vielen traditionellen Töpfereien, den sogenannten „Eulereien"und den zahlreichen Museen bietet die Kannenbäckerstraße im südwestlichen Westerwald einiges an Sehenswürdigkeiten.
Weitere Informationen:
Westerwald-Gästeservice, Kirchstraße 48a, 56410 Montabaur
Telefon 0 26 02/3 00 10, Telefax 0 26 02/30 01 15

Kartenempfehlungen:
Landesvermessungsamt Rheinland-Pfalz

1 : 25 000	Blatt 2 (Nord) Naturpark Nassau (Höhr-Grenzhausen, Montabaur)
1 : 50 000	Naturpark Rhein-Westerwald
1 : 50 000	Naturpark Nassau

Wir entdecken den Wild- und Freizeitpark Gackenbach

> ... ich such' mir eine Freundin
> und finde sie auch bald.
> Ei, wir tanzen hübsch und fein,
> vom einen auf das andere Bein.

Das bekannte und nette Tanzliedchen aus dem Kindergarten wird im Wild- und Freizeitpark Gackenbach (fast) zur Realität. Tiere aller Art kann man nämlich dort antreffen, sogar die in dem Lied besungenen

Auf Tuchfühlung mit „Meister Petz"

Bären. Ob wir aber wirklich mit ihnen ein Tänzchen wagen wollen? Vielleicht schauen die Bären aber gerne einmal zu, wenn wir es ihnen vormachen? Wahrscheinlich interessieren sie sich aber mehr für das Futter, das wir ihnen über den Zaun werfen.

Zwei Rundwege erschließen das weitläufige Gelände, in dem man einheimische Tierarten, Rot-, Dam-, Sika- und Schwarzwild, Streicheltiere, aber auch die eindrucksvollen großen Tiere, wie die Wisente und die erwähnten Bären erleben kann.

Da das Wildparkgelände am Hang liegt, gibt es noch eine zusätzliche Attraktion: Eine Transmobil- und eine Sommerrodelbahn. Mit der Transmobilbahn fährt man bequem bergauf und auf der Sommerrodelbahn geht es anschließend in rasanter Fahrt wieder abwärts.

Ein großer Spiel- und Grillplatz befindet sich an der Bergstation der Bahn, zu dem man aber auch kommt, wenn man auf dem Rundweg bleibt.

Wie kommt man zum Wild- und Freizeitpark?
Der Wild- und Freizeitpark Gackenbach liegt beim gleichnamigen Ort zwischen Montabaur und Nassau. Von beiden Seiten fährt man durch das Gelbachtal und folgt dann der deutlichen Beschilderung nach Gackenbach.

Parkgebühr: DM   1,50

Öffnungszeiten: Der *Wildpark* ist ganzjährig geöffnet.
                    Ostern bis 1. November   9.00 – 18.00 Uhr
                    an Sonn- und Ferientagen   9.00 – 18.30 Uhr
                    November bis Ostern   10.00 – 16.00 Uhr

Transmobil- und Sommerrodelbahn
                    Ostern bis Anfang November   10.00 – 18.00 Uhr
                    an Sonn- und Ferientagen   10.00 – 18.30 Uhr
                    November bis Ostern   geschlossen

Eintritt:
Wildpark   Erwachsene   DM   7,00
                    Kinder (4 bis 15 J.)   DM   5,00
                    Gruppen ab 15 Personen bekommen DM 1,00 pro Person ermäßigt.

Sommerrodelbahn
Mobil- und Rutschbahn je Person   DM   3,00
Gruppen ab 15 Personen   DM   2,50
nur Talfahrt je Person   DM   2,00

Auskünfte:
Wild- und Freizeitpark Westerwald, 56412 Gackenbach
Telefon 0 64 39/2 33

Hinweis:
Diese Unternehmung läßt sich auch gut mit dem nächsten Kapitel (Nummer 25) kombinieren.

Den Grubenlehrpfad und den Herthasee bei Holzappel kennenlernen

Auf historisch sehr bedeutsamem Boden sind wir bei dieser interessanten und informativen Runde unterwegs. Wir lernen die beiden ehemaligen Schächte, den Stephansschacht und den Mittelschacht, sowie die zahlreichen Nebeneinrichtungen dieser beiden Bergwerke kennen. Selbst wenn wir noch – das als Tip für die Sommermonate – einen Badeaufenthalt am **Herthasee** anschließen, besteht noch eine Verbindung zu den Bergwerken, doch dazu später mehr.

Äußerlich betrachtet unterscheidet sich die Landschaft hier nicht besonders von anderen, oder gibt es etwas Auffälliges? Wenn wir aber nach dem Rundgang zurückkehren, werden wir mehr über den Boden unter unseren Füßen erfahren haben. Der **Grubenlehrpfad**, der vom Förderverein Heimatmuseum Esterau und Naturpark Nassau in vorbildlicher Weise angelegt wurde, führt uns an die besonders markanten Punkte hin und erläutert sie auch näher.

Bei der Anfahrt sind uns sicher schon die vielen Seen neben der Straße aufgefallen. Klar, das sind Fischteiche, die gibt es ja des öfteren, das könnte man als Ortsunkundiger schnell denken, was soll daran schon besonders bemerkenswert sein? Erst wenn man sich auf der Tafel 3 des Lehrpfades näher informiert hat, merkt man, daß man dieses Mal daneben liegt. Das Wasser war nämlich früher als Betriebswasser ganz wichtig und für die Wasch- und Pochwerke der ehemaligen Bergwerksanlagen ebenso nötig. Immerhin arbeiteten um die Jahrhundertwende vom 19. ins 20. Jahrhundert um die 900 Leute in der Grube Holzappel. Schon 1751 hatte man hier übrigens mit dem Bergbau begonnen, erst 201 Jahre später wurde der Betrieb wegen mangelnder Rentabilität eingestellt. Schnelle Kopfrechner wissen nun ganz genau, in welchem Jahr die Gruben stillgelegt wurden. In dieser langen Zeit legte man immerhin 36 Stollen mit einer Länge von insgesamt 44 Kilometern an, die bis in eine Tiefe von 1 100 Metern (ab Oberkante Erdboden gemessen) reichten! Fast unglaublich, wenn man bedenkt, in welcher Zeit und mit welchen (vergleichsweise einfachen) Hilfsmitteln damals gearbeitet wurde. Ins Staunen kommt man dann nochmals, wenn man liest, wieviel zig tausend Tonnen Blei und Zink gefördert wurden. Sogar 130 000 – aber dieses Mal sind es Kilogramm – wurde an Silber aus den Schächten zutage befördert. Schon 1774 wurde z. B. der Holzappeler Bergtaler aus reinem Silber geprägt. Selbst das Wort „zutage befördert" hat hier seinen richtigen Sinn!

Haben wir die ersten drei Tafeln zu Beginn des Lehrpfades aufmerksam durchgelesen? Dann können wir ja der Markierung des

Modell des Mittelschachtes auf dem Grubenlehrpfad

Lehrpfades, dem *schwarzen Bergbausymbol Schlägel und Eisen auf silbernem Grund*, folgen. Nach links aufwärts zieht sich der Weg, und dann geht es nach rechts weiter.

Zu den beiden nächsten Tafeln müssen wir daraufhin einen Abstecher nach links machen. Auf dem **Karbidberg**, den wir mit wenigen

Schritten erklimmen, erfahren wir u. a. näheres zu den verschiedenartigen Beleuchtungsmöglichkeiten unter Tage und zu der Herkunft der nicht immer einheimischen Bergleute. Dann gehen wir zurück zu dem Weg und halten uns nach links.

Gleich nach dem Haus auf der linken Seite zeigt die Tafel 6 eindrucksvoll, wie der ehemalige **Pferderundlauf** funktioniert hat. Wer hätte das gedacht, daß die fast normal aussehende „gerundete Gartenmauer" früher ebenfalls eine wichtige Funktion erfüllt hat?

Der ehemals angeschlossene Emma-Ida-Schacht war 157 Meter tief und von 1822 bis 1845 der Hauptschacht. Klar, der Transport des gewonnenen Erzes war mit Körben, Tragen oder mit Schubkarren mit menschlicher Muskelkraft sehr anstrengend, da war der Einsatz von Tieren eine wesentliche Erleichterung. Die Tafel zeigt anschaulich den Pferdegöpel, wie die Anlage auch genannt wurde.

Solange wir auf dem Weg zur nächsten Station sind, können wir uns ja einmal überlegen, wie kalt oder wie warm es eigentlich in bzw. unter der Erde ist? Friert es die Leute oder schwitzen sie eher? Tja, in Höhlen muß man sich warm anziehen, da sie das ganze Jahr über eine recht gleichbleibende Temperatur von 8° bis 9° Celsius haben, das haben wir vielleicht selbst schon erlebt. (Wenn nicht, in der Kubacher Kristallhöhle bei Weilburg kann man diese Erfahrung selbst machen. Näheres dazu im Buch „Mit Kindern im Taunus".) Und wie sieht es hier aus? Die Bergleute schufteten bis 1935 bei Temperaturen um die 32° Celsius, erst danach hatte man die technische Möglichkeit, die klimatischen Arbeitsbedingungen wenigstens auf immer noch warme 26° abzusenken.

Wir sind nun schon im Bereich der beiden Schachtanlagen, nach links finden wir den Stephanschacht, nach rechts den Mittelschacht bzw. beide Male nur noch die betonierten, jedoch deutlich markierten Stellen der Fördertürme. Bei der Stillegung im Jahre 1952 (war das auch beim Kopfrechnen das Ergebnis?) waren immerhin noch 195 Bergleute unter Tage in den Gruben beschäftigt. In den nachfolgenden Jahren wurden alle Betriebsgebäude abgerissen und die Fördergerüste der Schachtanlagen gesprengt.

Nach links rein und rechts weiter, so kommen wir zum ehemaligen **Stephanschacht**, der nach dem damaligen Landes- und Standesherren der Grafschaft Holzappel-Schaumburg, Erzherzog Stephan von Österreich-Ungarn, benannt worden ist. Danach kehren wir zum Weg zurück und halten uns kurz nach links und dann nach rechts aufwärts zum ehemaligen **Mittelschacht**. Wer kann sich vorstellen, wie es unter unseren Füßen aussieht? Bis auf 1 000 Meter und noch mehr stiegen bzw. fuhren die Bergleute in die dunklen Tiefen zu ihrem Arbeitsplatz hinunter. Spätestens jetzt kribbelt es wohl allen in den Händen und/oder Füßen und jeder würde sicher gerne selbst einmal das unterirdische System der Schächte und Stollen kennenlernen. Das wäre ein Erlebnis!

Aber vielleicht könnten wir ja noch einen Besuch in der Grube „Bindweide" bei Steinebach an der Sieg (Kapitel 5), dem Bergbaumuseum bei Herdorf-Sassenroth (Kapitel 3) oder der Grube Fortuna (Kapitel 30) in der Nähe von Wetzlar anschließen, da gibt es die Möglichkeit, als Besucher einen Eindruck von der harten Bergwerksarbeit unter Tage zu bekommen. Dabei ist jede Führung der oben genannten Stollen ganz anders gestaltet, so daß sich wirklich in jede Grube – im Laufe der Zeit! – ein Ausflug lohnt!

Hier am Mittelschacht lassen sich nach links noch die Fundamente der Verankerungen des Förderturmes erkennen, daraufhin kommen wir wieder vor zum Weg. Eigentlich ist der ganze Boden hier unter uns so ausgehöhlt wie ein Schweizer Käse, und darauf bauten die Leute früher auch noch eine Seilbahn! Nein, natürlich nicht wie man es heute macht, zum Vergnügen oder weil da jemand an den Wintersport dachte. Auch diese Bahn gehörte zu den nötigen Bergwerksanlagen und wurde dazu benutzt, das gewonnene Material zur weiteren Verarbeitung nach Laurenburg abzutransportieren. Die Seilbahn würde heutzutage als besonders umweltfreundlich ausgezeichnet werden, da sie im großen und ganzen ohne zusätzliche Antriebskraft auskam. Die einzelnen Wagen, insgesamt waren es auf die 1,4 Kilometer lange Strecke 56, hatten nämlich ein Ladegewicht von je 400 Kilogramm und dieses Gewicht zog gleichzeitig die leeren Wagen wieder die Strecke bergauf (Kennen Sie schon das Buch „Mit Kindern am romantischen Rhein"? In diesem Buch wird die Nerobergbahn in Wiesbaden beschrieben, die eigentlich nach dem gleichen Prinzip fährt, nur besteht dort der benötigte Ballast aus Wasser).

In Richtung des Hofes geht der *Grubenlehrpfad* weiter. Dann weist uns die Markierung nach rechts und auf dem Weg zum **Zechenhof** finden wir die nächste Tafel. In vielen Stockwerken hat man die Erde in den vergangenen Jahrzehnten und Jahrhunderten wie ein Maulwurf „durchgewühlt" und bearbeitet! Das **Zechenhaus**, an das wir nur wenig später gelangen, war früher das Dienstwohngebäude des Obersteigers, der Arbeitsbeginn um 4 Uhr, lesen wir auf Tafel 12 nach.

Nach rechts durch den Hof weiter und ab hier nun abwärts. Bei Tafel 7 treffen wir wieder auf unseren bekannten Weg und gehen nach links abwärts. So können wir nochmals den Pferdegöpel bewundern und gehen dann geradeaus weiterhin abwärts. Ehe wir nun zum Ausgangspunkt zurückkehren, besuchen wir noch die beiden letzten Tafelstandorte, die aber nahe beieinander liegen. In der Linkskurve des Weges müssen wir auf den schmalen Pfad nach rechts achten, er ist jedoch mit den uns inzwischen gut bekannten Zeichen *Schlägel und Eisen* markiert. In einigen Kehren geht es hinab und was sehen wir zum Schluß? Ein wunderschönes Modell des Mittelschachtes! Aufmerksame Beobachter stellen zudem fest, daß wir uns am Fuße des vorhin bestiegenen Karbidberges befinden. Zuerst aufwärts und dann abwärts zum Ausgangspunkt zurück.

Wie versprochen, nun noch der Zusammenhang zwischen dem Herthasee, der früher Wackerhans-Teich genannt wurde und den Gruben. Der sechs Hektar große und bis zu elf Meter tiefe See hatte ebenfalls eine Verbindung zu den Schächten, um die ständige und wichtige Versorgung mit Wasser zu gewährleisten. Das Fassungsvermögen aller Teiche, heute sind einige davon aber im Bereich von Holzappel schon überbaut, betrug übrigens 930 000 Kubikmeter!

Wie kommt man nach Holzappel und zum Ausgangspunkt des Lehrpfades?
Holzappel liegt an der B 417 zwischen Diez und Nassau. Von der A3 erreicht man es über die Ausfahrt Nentershausen, Diez. Durch die Ortschaft Holzappel hindurch und dann zum Ausgangspunkt des Lehrpfades an den Teichen.

Weglänge:	2,5 km
	zusätzlicher Zeitbedarf zum Lesen der Tafeln

Herthasee
Der Herthasee auf der anderen (nördlichen) Seite von Holzappel wird in den Sommermonaten als Freibad benutzt. Also bei Bedarf Badesachen mitnehmen. Gleich daneben befindet sich auch eine Minigolfanlage.

Eintritt:	Erwachsene		DM	4,00
	Kinder (6 bis 16 J.)		DM	1,50
Bootsverleih:	Tretboot klein	30 Minuten	DM	3,50
	Tretboot groß	30 Minuten	DM	6,00
	eigenes Schlauchboot		DM	3,50
Auskünfte:	Telefon 0 64 39/53 85			

Einkehrmöglichkeiten:
in Holzappel

Was man sonst noch erleben kann:
Der Wild- und Freizeitpark Gackenbach befindet sich ganz in der

Nähe. Weitere Informationen dazu bitte im Kapitel 24 nachlesen.

Kartenempfehlungen:

Landesvermessungsamt Rheinland-Pfalz

1 : 25 000   Blatt 2 (Nord) Naturpark Nassau (Höhr-Grenzhausen, Montabaur)

1 : 50 000   Naturpark Nassau

Auf, in und rund um den Wiesensee bei Westerburg

Bei dem Spaziergang rund um den Wiesensee läßt sich in der entsprechenden Jahreszeit sogar ein Besuch im Strandbad mit einplanen – wenn man Lust dazu hat, seine Utensilien im Rucksack mitzutragen.

Ausgangspunkt ist der Parkplatz bei Stahlhofen am Wiesensee. Viele Wassersportler gehen hier auf dem See ihrem Hobby nach. Da sieht man – bei entsprechender Wetterlage – die Segelboote mit ihren weißen Segeln über das glitzernde Wasser gleiten, die Surfer bringen bunte Farbtupfer ins Bild. Auf dem See verkehrt am Wochenende auch ein – allerdings komfortables – **Floß**, bei dem alle mitfahren dürfen, die eine gemütliche Überfahrt lieben. Die erste Anlegestelle des Floßes sehen wir vor uns am Ufer. Falls wir also nicht die ganze Runde um den Wiesensee zu Fuß zurücklegen wollen, können wir mit dem Floß von der anderen Anlegestelle, die sich etwa gegenüber befindet, zurückfahren.

Nach links über den Damm des Sees starten wir diese Runde. Bald darauf geht es nach rechts weiter in Richtung Ufer. Immer mal wieder haben wir die Möglichkeit, ganz bis ans Wasser hinzugehen. Viele Enten in allen Größen und Farben bevölkern den See. Zwischendrin legen wir ein Stück auf einem befestigten Weg zurück und zweigen dann wieder nach rechts auf den Weg am Ufer entlang ab.

Blick über den Wiesensee

Über einen Holzsteg hinweg und dann haben wir schon bald die zweite Anlegestelle des Floßes bei Pottum erreicht. Geradeaus weiter durchqueren wir bald darauf das Segelbootgelände, auf der linken Seite können wir einen Spielplatz entdecken.

Am See entlang führt uns der Rundweg dann noch ein Stück weiter, ehe es zum Strandbad ein paar Meter nach links ansteigt. Wir erreichen den Eingang des **Strandbades** mit Kiosk. Wenig später kommt allerdings auf der linken Seite der Rast- und Grillplatz „Palzhahn", so daß wir zu jeder Jahreszeit hier eine Pause einlegen können.

Am Seeufer entlang geht es danach weiter, jedoch ist es in diesem Abschnitt (Naturschutzgebiet) verboten, ganz ans Wasser hinzugehen. Die Wasservögel haben nämlich hier ihre Brutstätten und Ruhezonen. Der Weg entfernt sich daraufhin vom Wiesensee und nach rechts gehen wir auf einem Teerweg weiter. Nochmals nach rechts und ehe es so aussieht, als ob wir eine Steigung zu überwinden hätten, zweigen wir auf einen grasbewachsenen Pfad ab. Eben auf dem weichen Boden weiter und der See rückt bald wieder in Sichtweite. Was liegen da so viele Bälle auf dem kurz geschorenen Rasen? Sie stammen von dem hier gelegenen Golf-Übungsgelände. Wer Glück hat, sieht, wie die unendlich vielen Bälle eingesammelt werden. Ein spezielles Aufsammel-Fahrzeug liest sie nämlich alle wieder ohne Mühe auf. Ob man so ein Gerät auch manchmal für das Kinderzimmer brauchen könnte?

Nach rechts hinunter und wenig später sind wir am Ausgangspunkt angelangt.

Wie kommt man nach Stahlhofen am Wiesensee?
Der Wiesensee liegt bei Westerburg. Wir erreichen ihn bzw. unseren Ausgangspunkt bei Stahlhofen am Wiesensee über die B 255 und dann beschildert weiter. Den Parkplatz erreichen wir, wenn wir in Richtung Winnen weiterfahren direkt am Seeufer.

Einen weiteren Parkplatz findet man, wenn man von Stahlhofen am Wiesensee nach Pottum fährt. Noch vor dem Beginn des Ortes liegt er auf der rechten Seite. Von dort kommt man mit wenigen Schritten zur zweiten Floßanlegestelle oder man beginnt von dort den Seerundweg.

| *Weglänge:* | Seerunde 6 km |
| | 2 km sind es zwischen der ersten und zweiten Floßanlegestelle |

Floßfahrt auf dem Wiesensee
| *Fahrzeiten:* | Mai bis September | |
| | an Wochenenden | stündlich |

von der Floßanlegestelle bei
- Stahlhofen am Wiesensee   ab 14.00 Uhr
- Pottum   ab 14.20 Uhr
wochentags nach Vereinbarung

Preise:			
	Erwachsene	DM	5,00
	Kinder	DM	3,00
	halbe Fahrt	DM	3,00
	Gruppen ab 20 Personen	DM	4,00
	Schulklassen	DM	50,00

Auskünfte:
Gesellschaft für Freizeit und Touristik mbH
Neustraße 39, 56457 Westerburg
Telefon 0 26 63/2 91 37 oder 16 06

Rast- und Grillplatz Palzhahn
Vor Benutzung sollte man sich bei der Verbandsgemeinde in Pottum
vormerken lassen.

Einkehrmöglichkeiten:
in Pottum, am Strandbad-Kiosk und in Stahlhofen am Wiesensee

Was man sonst noch erleben kann:
Die romantische Holzbachschlucht ist nur einen Katzensprung vom
Wiesensee entfernt (siehe Kapitel 27).

Kartenempfehlungen:
Landesvermessungsamt Rheinland-Pfalz
1 : 25 000   Ferienland Westerwald (Bad Marienberg, Westerburg)
1 : 50 000   Wandern und Radwandern im nördlichen Westerwald

Durch die romantische Holzbachschlucht bei Gemünden

Dieser Ausflug ist genau das Richtige für warme oder auch für heiße Tage. Schattiger Wald und ein kühler Bach mit Steinen, Stämmen und Ästen – was brauchen Kinder da noch mehr? Aber natürlich macht die Tour auch zu allen anderen Jahreszeiten Spaß.

Der Holzbach ist ein Nebenfluß des Elbbaches, der seinerseits dann in die Lahn mündet. Bei Lahnstein gibt es übrigens noch eine ähnlich wilde Schlucht, die Ruppertsklamm. Wen diese abenteuerliche Tour näher interessiert, kann sie im Buch „Mit Kindern am romantischen Rhein" (Kapitel 2) nachlesen.

In diesem Abschnitt des Holzbaches, den wir nun erkunden wollen, können wir sehr schön sehen, wie sich das Wasser im Laufe der Jahre und Jahrhunderte durch die Basaltfelsen hindurch gearbeitet hat. Steile Felswände und Abhänge mit mächtigen Felsbrocken zeugen von der „Arbeit" des Wassers. Der Hof Dapprich, an dem wir ebenfalls vorbeikommen werden, wurde schon im 13. Jahrhundert erwähnt.

Wir starten am Parkplatz an der Straße zwischen Gemünden und Seck. Zuerst geht es auf dem Teerweg in Richtung Feriendorf „Fohlenwiese" nach rechts abwärts. Eine *gelbe G2 auf schwarzem Grund* haben wir hier als Markierung. Wir erreichen das Feriendorf, durch das der Weg hindurchführt und hören gleich darauf den Bach schon rauschen. Vor uns sehen wir den Hof Dapprich und auf einer Steinbrücke überqueren wir daraufhin das erste Mal den Holzbach. Von der Brücke aus fällt unser Blick auf die zum Teil schon recht alten Häuser, da sieht man wirklich, daß sie aus einer ganz anderen Zeit stammen. Bestimmt haben sie früher zu einer Mühle gehört, da sie so dicht am Wasser stehen. Nach der Brücke halten wir uns nach rechts und finden die Beschilderung zur *Holzbachschlucht*.

Geradeaus spazieren wir über Wiesen und Weiden, der Holzbach ist im Moment wieder ein ganzes Stück von uns entfernt. An einem kleinen Friedhof vorbei und dann müssen wir uns entscheiden, ob wir den „Höhenweg" oder den Steig in „Halbhöhenlage" nehmen wollen. Beide Varianten treffen jedoch nach kurzer Zeit wieder zusammen, so daß wir uns bei eventuell bestehender Uneinigkeit auch aufteilen können. Der „Höhenweg" geht geradeaus weiter, zum „Halbhöhenweg" steigen wir zuerst ein paar Stufen in Richtung Holzbach hinunter. Auf dem „Halbhöhenweg" erleben wir den Bach viel näher als weiter oben. Vor dem stabilen Steg, der den Bach überquert, wenden wir uns nach links. Wir haben einen schönen Blick auf das Wasser, das sich seinen „Weg" – oder sagen wir lieber sein

Wasserspiele in der Holzbachschlucht

„Bett" – durch das romantische Tal gegraben hat. Aber wirklich Ruhe hat der Holzbach wirklich weder bei Tag noch bei Nacht!

Überall liegen moosbewachsene Stämme über der Schlucht, das Wasser rauscht über die kleinen Felsstufen hinunter, und wir betrachten die ganze Idylle von erhöhter Warte aus.

Wir treffen mit dem „Höhenweg" zusammen und oberhalb des Baches spazieren wir dahin. Immer noch sind wir auf der linken Seite des Baches unterwegs und allmählich kommen wir zum Bach hinunter. Auf einem Steg überqueren wir ihn und dann finden wir etliche Stellen, an denen man am oder im Wasser aktiv werden kann.

Wenn wir einen Stock ins Wasser werfen, in welche Richtung treibt er dann? Meistens flußabwärts, richtig, manchmal aber auch genau gegen die Strömungsrichtung, das ist doch eine ganz interessante Beobachtung. Woher das kommt? Da muß man jemanden Schlauen (Eltern, Lehrer) finden, der einem diese Frage beantworten kann. Auch das Spiel „Steine-Raten" könnte man hier gut machen. Die Beschreibung des Spiels findet man im Kapitel 22.

Nun geht es wieder zurück. Auf dem Pfad steigen wir aufwärts und spazieren dann wieder oberhalb der eigentlichen Schlucht. Zwar verläuft unten in der Schlucht auch ein abenteuerlicher und schmaler Trampelpfad, der aber nicht immer (aufgrund von Witterungseinflüssen und Hangrutschungen etc.) begehbar ist.
Ein kleiner Steg führt uns über Blockgeröll bzw. im Frühjahr über einen Nebenzufluß des Holzbaches hinweg. Nochmals kommen wir an schönen kleinen Rastplätzen vorbei und können auf den schönen Bachdurchbruch hinunterschauen. Dann kehren wir zu dem neuen stabilen Steg zurück, vor dem wir zu Beginn der Runde abgebogen sind. Der Holzbach wird ein vorletztes Mal überquert und auf dem bekannten Weg kehren wir durch das Feriendorf zum Parkplatz zurück.

Wie kommt zum Parkplatz zwischen Gemünden und Seck?
Gemünden liegt in der Nähe von Westerburg. Von der A 3, Ausfahrt Limburg-Nord weiter auf der B 54 in Richtung Westerburg. In Langendernbach abzweigen und beschildert nach Gemünden. Durch den Ort in Richtung Waldmühlen und Seck hindurch und dann kommt man zu dem Parkplatz, der rechts der Straße liegt.

Weglänge: 4 km

Einkehrmöglichkeit:
Restaurant im Feriendorf

Was man sonst noch unternehmen kann:
Ganz in der Nähe liegt der Wiesensee (Kapitel 26), der rätselhafte Eisstollen an der Dornburg (Kapitel 28) ist auch nur einen Katzensprung entfernt.

Kartenempfehlungen:
Landesvermessungsamt Rheinland-Pfalz
1 : 25 000   Ferienland Westerwald (Bad Marienberg, Westerburg)
1 : 50 000   Wandern und Radwandern im nördlichen Westerwald

Rund um und auf der Dornburg gibt es viel zu erleben

Wer möchte im Sommer zur Erfrischung winterlich kalte Luft verspüren? Das kann man nicht? Doch, im Westerwald weht tatsächlich mancherorts „der Wind so kalt", wie es in dem bekannten Lied besungen wird. Im Eisstollen bei der Dornburg können wir diese interessante und gewiß seltene Erfahrung machen. Wer den Temperaturunterschied zwischen der ganz normalen Außentemperatur und der Luft aus dem Eisstollen ganz genau messen möchte, packt am besten ein Thermometer ein. Damit läßt sich dann genau bestimmen, wieviel Grad Unterschied wirklich herrschen.

Aber die Dornburg ist auch aus anderer Sicht interessant. Sie war nämlich schon in vorchristlicher Zeit von den Kelten besiedelt, die hier ein „oppidum", also so etwas wie eine geschützte Stadt oder eine Art Befestigungsanlage mit mehreren Ring- und Schutzwällen errichtet haben. Von den Bauten ist heutzutage oberirdisch nichts mehr zu sehen, aber die Wälle kann man noch in der Landschaft erkennen.

Vom Parkplatz aus starten wir auf dem beschilderten Weg in Richtung *Eisstollen* und *Hildegardisfelsen*, als Markierung haben wir eine *weiße E1*. Sicher sind alle schon gespannt auf den angekündigten Eisstollen. Glauben kann man die „story" ja sowieso nicht recht, nicht wahr? Erst wenn man die kalte Luft selbst mal gespürt und den restlichen Schnee gesehen hat, sind die letzten Zweifel verschwunden. Und eigentlich sind wir hier am Parkplatz gar nicht mehr weit weg von dem spektakulären Naturereignis. Wer hat eine Vermutung, wo sich der Stollen befinden könnte?

Geradeaus läßt sich ein steiles Blockfeld aus Basaltblöcken erkennen, genau hier finden wir bereits nach wenigen Minuten Gehzeit den wundersamen **Eisstollen**.

Kaum zu glauben, daß sich gerade am *Südhang* der Dornburg so ein Phänomen zeigt. Die Entdeckung geht in das Jahr 1839 zurück, als Arbeiter am Basalthang auf der Südseite der Dornburg zugange waren. 1840 bis 1847 folgten die ersten wissenschaftlichen Untersuchungen und Grabungen. Für eine 1869 hier errichtete Brauerei wurden dann die beiden Stollen angelegt, vor denen wir im Moment stehen. 1927 erfolgte die Ausweisung als Naturschutzgebiet und 1952/53 wurden erneut Untersuchungen vorgenommen. Dabei stellte man fest, daß die Grundfläche der vereisten Geröllhalde 2 400 Quadratmeter beträgt und im Sommer täglich sieben Tonnen Eis schmelzen. Die Vereisung hört allerdings in einer Tiefe von acht Me-

Informationstafel am Eisstollen

tern auf. Im Winter hineingeschaufelter Schnee hält sich im Eisstollen z. B. bis lange in den Sommer oder gar bis in den Herbst hinein.

Wieviel Grad Unterschied bekommen wir heraus? An warmen Tagen ist der Unterschied natürlich viel größer als bei kühleren Temperaturen, aber auch ohne Thermometer ist die wirklich sehr kalte Luft deutlich wahrnehmbar. Da fröstelt es einen richtig! Umgekehrt verhält es sich im Winter. Da ist die Luft im Innern wärmer als die der äußeren Umgebung.

Anschließend gehen wir an der folgenden Gabelung geradeaus beschildert in Richtung *Hildegardisfelsen* weiter und auf dem „Eselsweg" steigen wir daraufhin leicht aufwärts. Wir sind auf der ganzen Runde übrigens fast immer in lichtem Laubwald unterwegs, und da ist es zu allen Jahreszeiten schön.

Ansteigend erreichen wir eine Verzweigung. Nach rechts gehen wir weiter, von links kommen wir nachher wieder her, das gleich vorneweg zur Orientierung. Nur noch wenige Schritte – nun geht es ebener dahin – und wir stehen auf einer hölzernen Aussichtsplattform. Der **Hildegardisfelsen**, über dem wir stehen, bietet eine prächtige Aussicht auf Dörfer, Felder, Straßen und natürlich auch auf viel Wald – bis weit in den Taunus hinein. Der Sage nach hat sich von diesem Felsen aus die Hildegard in den Tod gestürzt. Das ist eine alte Sage, die in Verbindung mit der ehemaligen Besiedlung hier auf der Dornburg steht.

Auf unserem Pfad gehen wir nur ein kleines Stück weiter und bald darauf weist uns ein Schild nach rechts zur **Hildegardiskapelle** und zum -**brunnen**. Wieder finden wir auf einer Tafel die geschichtlichen Daten der Entdeckung. Kurioserweise geriet nach der ersten Entdeckung im 17./19. Jahrhundert die Lage der Kapelle wieder in Vergessenheit, ehe sie 1964 bei Planierarbeiten für das geplante Steinbruchgelände wieder „entdeckt" wurde. Von der Kapelle sieht man heute nur noch die Umfassungsmauern und die Lage des ehemaligen Brunnens erkennt man am Wasserstand. Von hier aus sehen wir auch sehr schön zum Steinbruch hinunter, der den halben Berg schon „angeknabbert" hat.

Anschließend gehen wir auf den Weg zurück und nach rechts weiter. Wenn wir uns umschauen, fallen uns die vielen Wälle auf, die aus Steinen aufgeschichtet sind. Zu der Zeit der Kelten waren sie natürlich noch höher als heute, denn im Laufe der Jahrhunderte haben sie sich natürlich verändert. Die Archäologen unterscheiden bei den Wällen noch verschiedene Arten, wie z. B. Umfassungs-, Zwischen- oder Ringwall. Wir befinden uns nun auf der recht ebenen und unbewaldeten Hochfläche der Dornburg. Hier war wohl der Kernbereich der ehemals keltischen Anlage.

An der nächsten Kreuzung halten wir uns nach links abwärts. Wir kommen wiederum in den Wald hinein und eine nächste Tafel zeigt die Lage der Wälle und der Schutzmauern auf. Die Sage von der Eroberung und Zerstörung der Anlage auf der Dornburg und den Zusammenhang mit der Hildegard und ihrem traurigen Ende kann man hier ebenfalls nachlesen, so daß wir sie hier nicht wiedergeben.

Unsere Runde wendet sich nun nach links. Den Weg, auf dem es dann weitergeht, können wir schon ein wenig unterhalb von uns sehen. Wir gehen noch ein Stück geradeaus weiter und wenden uns dann nach links.

Auf dem dann erreichten ebenen Pfad schlendern wir dahin, bis uns links eine enorme Schlucht auffällt. Basalt in allen Formen gibt es da zu sehen. Die hohen Felsen ragen rechts und links mächtig steil und fast überhängend auf und nur ein kleiner Pfad führt in diese Wildnis hinein. Das reizt geradezu, erkundet zu werden. Wie klein kommen wir uns da auf einmal vor, im Verhältnis bestimmt nicht viel größer als ein Käfer oder eine Ameise! Ob das teils lockere Gestein auch wirklich an Ort und Stelle bleibt, solange wir hier drin sind?

Wohlbehalten zurückgekehrt geht's auf dem schönen Pfad durch den Laubwald weiter. Wer kann sich vorstellen, wo wir uns befinden? Wenn wir darauf achten, wann auf der rechten Seite – ein wenig abseits vom Weg – eine Bank zu sehen ist, haben wir des Rätsels Lösung vor Augen. An dieser Bank blicken wir nämlich geradewegs über das Basaltblockfeld hinunter zum Eisstollen. Also sind wir hier oben kaum einen Meter über dem Eis unterwegs!

Geradeaus weiter kommen wir zu der schon bekannten Verzweigung von vorhin zurück und auf dem Rückweg nach rechts in Richtung Auto können wir nochmals ein Weilchen bei dem eindrucksvollen Eisstollen verweilen.

Wie kommt man zum Parkplatz an der Dornburg?
Der Parkplatz befindet sich zwischen den Ortschaften Frickhofen und Wilsenroth nördlich von Limburg. Von der A 3 Ausfahrt Limburg-Nord fahren wir auf die B 49 in Richtung Weilburg. Dann geht es auf der B 54 in Richtung Westerburg weiter. Über Niederzeuzheim gelangen wir nach Frickhofen. In Richtung Wilsenroth weiterfahren. Wir finden den kleinen Parkplatz, wenn wir an einer Waldecke nach rechts abzweigen.

Weglänge: 3 km

Kartenempfehlung:
Hessisches Landesvermessungsamt
1 : 50 000   Naturpark Hochtaunus-Nord

Burg Greifenstein, Märchenpark im Ulmtal, Vogelpark Uckersdorf und Wildpark Dillenburg-Donsbach

Bimm, bamm und bumm, laut und kräftig, macht es den ganzen Tag auf der mächtigen Burg Greifenstein! Keiner weiß da mehr, was es eigentlich geschlagen hat und trotzdem hat alles seine Richtigkeit. Wie geht das zu? Auf der Burg Greifenstein gibt es nämlich ein Glockenmuseum und die ausgestellten Glocken kann man nicht nur anschauen, das wäre ja wirklich langweilig, nein, man darf sie mit Gummihämmerchen anschlagen und zum Klingen bzw. Tönen bringen. Das macht sogar den Erwachsenen Spaß! Deshalb wundert es wohl auch niemanden, wenn das Glockenmuseum in den Kellergeschossen des größten Geschützturmes der Burg Greifenstein untergebracht ist, die dicken Mauern halten einiges aus!

Aber das ist nur der erste Teil des Ausfluges. Wer sich anschließend noch in einem Märchenwald umschauen möchte, muß nur wenige Kilometer weiterfahren und ist schon angelangt. Auf einem Spielplatz mit Trampolin nebenan kann man dann seine restliche Energie austoben.

Fast schon zuviel für einen Ausflugstag wird es, wenn wir noch den Vogelpark in Uckersdorf und den Wildpark in Donsbach besuchen wollten. Aber da alles hier sehr nahe beieinander liegt, kann sich jeder nach Belieben die verschiedenen Möglichkeiten kombinieren.

Vom Parkplatz bei der Burg Greifenstein halten wir uns geradeaus auf die beiden hohen Türme der Burg zu. Wer schon mal die Autobahn A 45 Frankfurt – Dortmund gefahren ist, kennt die markante und weithin sichtbare Silhouette der Burg sicherlich. Wir kommen auf die Burg zu und sehen auf der rechten Seite gleich den „Drachen". Dieser Gebäudeteil hat bis zu sieben Meter dicke Mauern und damit die stärksten der Burg. Mit den darin untergebrachten Geschossen konnte das Bollwerk wirklich wie ein Drache Feuer spucken.

Aber nun sind sicher schon alle auf die Glocken des Glockenmuseums gespannt. Vom Eingang der **Burg Greifenstein** aus nach links kommen wir zur ehemaligen Roßmühle. Seit 1984 ist hier das **Deutsche Glockenmuseum** untergebracht. Die Roßmühle ist das größte Bollwerk der Burg und wurde in Belagerungszeiten wirklich von Rössern als Mühle betrieben. Wenn wir hineinkommen, sehen wir noch den ehemaligen Rundlauf.

Dann aber geht es Stufe um Stufe abwärts. Der Klang von Glocken, die man in großen Kirchen vermuten würde, dringt in un-

Burg Greifenstein mit der bemerkenswerten Wetterfahne

sere Ohren, aber auch solche von kleinen Kapellchen. Die Glocken
sind meist mit der Jahreszahl ihrer Entstehung und dem Ton, auf
den sie gestimmt sind, versehen. Daneben finden sich noch zahlreiche andere Verzierungen. Die Angabe des Gewichtes ist ebenfalls interessant. Was hätten wir geschätzt? Wir finden aber auch Skizzen,

Bilder und Erklärungen zum Werdegang einer Glocke. Die Glockengießer waren wirklich Künstler!

In der Burg Greifenstein kann man bei einer Erkundung noch manches entdecken: eine doppelstöckige Kirche mit Kasemattenanlage, einen Bergfried, den man besteigen kann, ein Modell der Burganlage und was früher passierte, wenn man gegen allgemein gültige Regeln verstoß. Und ganz nach oben sollten wir unseren Blick auch richten, denn ein Greif dient als Wetterfahne. Die „ausgedienten" sind uns ja sicher beim Turmaufstieg schon aufgefallen. Es gibt auch noch ein **Burgmuseum**, das aber außerhalb der Burgmauern, nämlich nach rechts hinunter, an der alten Stadtmauer, zu finden ist.

Zum Schluß drehen wir noch eine kleine Runde um die Burg außen herum. Nach links zweigt beschildert ein Pfad ab zum **Kräutergarten** und zum **Vogelschutzgehölz**. Der Kräutergarten ist schnell erreicht, wer selbst einen Garten hat, kennt das eine oder andere Kräutlein schon.

An der Burgmauer entlang, die Ende des 13. Jahrhunderts erbaut wurde, und sehen wir da nicht einen Geheimausgang? Der war früher bestimmt mit Gebüsch getarnt. Dann folgen wir den Schildern „Rundweg um die Burg".

Nebenher ein bißchen Burggeschichte:
Ein Burgherr wurde auf Greifenstein um 1200 erstmals erwähnt. Schon hundert Jahre später erfolgte eine Zerstörung der Burg. Es dauerte daraufhin fast hundert Jahre, bis die Burg wieder aufgebaut wurde. Seit 1693 ist der Greifenstein unbewohnt und verfiel allmählich zur Ruine. 1969 wurde die Burgruine durch Schenkung an den Greifenstein-Verein übergeben.

Bei unserem Rundgang hören wir nun wieder die Glockenschläge aus dem Turminnern und haben bald darauf den Ausgangspunkt wieder erreicht.

Der **Märchenwald** im Ulmtal wurde 1998 neu eröffnet. Auf Knopfdruck kann man in natürlicher Umgebung den verschiedenen Märchen lauschen. Auf einem Spielplatz mit Trampolin und anderen Geräten kann man selbst aktiv werden.

Im nahegelegenen Uckersdorf bei Herborn gibt es den **Vogelpark Uckersdorf** mit über 100 Vogelarten aus aller Welt. In **Dillenburg-Donsbach** kann man ganzjährig einen **Wildpark** mit Sika-, Dam-, Rot-, Schwarz- und Gamswild besuchen.

Wie kommt man nach Greifenstein?
Von der A 45 Ausfahrt Herborn-Süd oder Ehringshausen zu der weithin sichtbaren Burganlage in Greifenstein hinauf. Parkmöglichkeiten gibt's im Ort.

Weglänge: Rundgang um die Burg kaum 1 km

Burg Greifenstein
Öffnungszeiten: 15. März bis 31. Oktober
                    täglich   10.00 – 18.00 Uhr
                    1. November bis 14. März
                    nur sonntags   10.00 – 17.00 Uhr

Eintritt: Erwachsene   DM   3,50
                    Kinder (6 bis 16 J.)   DM   1,00
                    Gruppen ab 10 Personen DM   2,50

Auskünfte:
Geschäftsstelle Greifenstein-Verein e. V.
Talstraße 19, 35753 Greifenstein
Telefon 0 64 49/64 60, Telefax 0 64 49/60 73

Führungen: für Gruppen
                    Anmeldung bei der Burgwartin Roswitha Weiß
                    Telefon 0 64 49/64 60 oder 63 88

Märchenwald bei Allendorf im Ulmtal
Öffnungszeiten: Ostern bis Oktober
                    montags bis freitags   13.00 – 18.00 Uhr
                    in den Sommerferien
                    samstags und sonntags   10.00 – 18.00 Uhr
                    montags geschlossen

Eintritt: Erwachsene   DM   3,00
                    Kinder   DM   2,00

Auskünfte: Telefon 0 64 73/31 00

Einkehrmöglichkeiten:
Burg-Gaststätte auf Burg Greifenstein, im Märchenwald, im Vogelpark und im Wildpark

Vogelpark Uckersdorf
Öffnungszeiten: April bis Oktober   9.30 – 18.00 Uhr   ℹ️
                   und nach Vereinbarung

Eintritt: Erwachsene   DM   5,00
                   Kinder   DM   2,00

Auskünfte: Telefon 0 27 72/4 25 22

Wildpark Dillenburg-Donsbach
Öffnungszeiten: Sommerhalbjahr   8.00 – 20.00 Uhr
                   Winterhalbjahr   10.00 – 16.00 Uhr

Eintritt: Erwachsene   DM   2,50
                   Kinder (ab 6 J.)   DM   1,50

Auskünfte:
Förderverein Wildpark, 35686 Dillenburg-Donsbach
Telefon 0 27 71/3 59 71 und 0 27 73/54 27

Informationen:
Herborn: Telefon 0 27 71/89 61 17
Dillenburg: Städtisches Verkehrsamt Dillenburg
                            Hauptstraße 19, 35683 Dillenburg
                            Telefon 0 27 71/1 94 33
Freizeitregion Lahn-Dill: Freizeitregion Lahn-Dill e. V.
                            Karl-Kellner-Ring 51, 35576 Wetzlar
                            Telefon   0 64 41/4 07-19 00
                            Telefax   0 64 41/4 07-19 03

Kartenempfehlung:
1 : 50 000   Wandern und Radwandern in der Freizeitregion Lahn-
             Dill, herausgegeben vom Kreisausschuß des Lahn-Dill-
             Kreises

30 Wir erleben hautnah die harte Arbeit unter Tage

Bergbaukundlicher Lehrpfad, Besucherbergwerk „Grube Fortuna" und Feld- und Grubenbahnmuseum bei Solms-Oberbiel

Ein Ausflug in die „Grube Fortuna" bei Solms-Oberbiel in der Nähe von Wetzlar ist ein Ausflug in die Vergangenheit. In eine Vergangenheit, die eigentlich noch gar nicht allzu lange her ist. Das Bergwerk wurde nämlich als letztes hessisches Eisenerzbergwerk erst 1983 stillgelegt. Die Lahn-Dill-Region war nämlich jahrzehnte-, ja jahrhundertelang ein Revier von zig Gruben und Bergwerken. Dabei war die Arbeit der Bergleute wirklich knochenhart und der Arbeitslohn so niedrig, daß die meisten noch nebenher eine Landwirtschaft betreiben mußten.

Von der Armut sehen und spüren wir heute nichts mehr, aber bei einer Führung durch die **„Grube Fortuna"** bekommen wir hautnah mit, wie ein damaliger Arbeitstag ausgesehen haben mag und nicht nur das, wir erleben sogar die unterschiedlichsten Arbeitsgeräte lautstark im Einsatz.

Mit Helm und Umhang gut gerüstet starten wir die Führung zunächst zu Fuß. Gleich darauf geht es mit dem Förderkorb und einem kräftigen „Glück auf!" im Maschinenschacht in die Tiefe. Wird es da unten kälter oder wärmer? In Europa haben wir bis in eine Tiefe von 25 Metern eine Temperatur von 9 bis 10° Celsius. Dann wird es alle 33 Meter ein Grad wärmer. In Afrika dagegen wird es nur alle 90 Meter ein Grad wärmer, daher können sie in ihren Goldgruben auch so weit nach unten graben. In der Grube Fortuna hat es konstant 13° Celsius Wärme, wie tief sind wir dann?

Auf der 150 Meter-Sohle angekommen, steigen wir in eine Grubenbahn um, mit der wir durch die „Unterwelt" rattern. Ehemalige Bergleute führen dann vor, was Erzabbau wirklich bedeutete: Bohrhämmer sind im Einsatz, Lademaschinen und Schaufelanlagen arbeiten und das nicht gerade im Flüsterton. So erleben wir manches, was bestimmt neu für uns ist.

Wieder oben angekommen, sollten wir uns die Ausstellung im Eingangsbereich und die Aufzeichnungen der Erdbebenmeßstation anschauen.

Nebenan hat das **Feld- und Grubenbahnmuseum** seine Hallen und Gebäude. Eisenbahnfreunde werden ihre helle Freude an den vielen Loks und Wägen haben, die der aktive Verein zusammengetragen hat. Da gibt es z. B. Dampf-, Diesel-, Akku-, Fahrdraht- und Druckluftloks. Zum Teil mußten die Loks umgespurt werden, damit sie auf den schmalen Gleisen überhaupt fahren können.

Drei starke Männer bei der Arbeit

An manchen Sonntagen im Jahr gibt es spezielle Fahrtage, an denen sich die historischen Fahrzeuge „bewegen" dürfen und man als Besucher in den Genuß kommt, auch mal mitfahren zu dürfen.

Haben wir das historische Foto im Eingangsbereich genau angeschaut? Da ist die Anlage zu sehen, wie sie in Aktion ausgesehen hat.

Selbst den „Fußgängertunnel" vom Parkplatz zum Eingang herauf hat es damals schon gegeben. Wozu diente er?

An die früheren Stätten der Erzgewinnung führt uns ein **bergbau-kundlicher Lehrpfad**. Wer rechtzeitig dran ist, kann diesen noch vor der Besichtigung der Grube begehen und hat dann schon vorab wertvolle Informationen und spezielle Fachbegriffe kennengelernt.

Der Erkundungspfad startet hinter dem „Zechenhaus" nach links bergauf. Er ist mit einem *roten Punkt auf weißem Grund* markiert und unterwegs erwarten uns historische Gebäude, geologische Erläuterungen und betriebstechnische Besonderheiten, die an den jeweiligen Stellen auf Tafeln erklärt werden. Geradeaus erkennen wir z. B. schon das ehemalige Fördermaschinenhaus, das 1958 in Betrieb genommen wurde. Weiter geht es zum alten Maschinenhaus aus den Jahren 1907/08. Auf einem Pfad zwischen Birken hindurch kommen wir zur nächsten Tafel im Wald. Wer hätte gedacht, daß die vor uns liegende Schlucht mal ein Tagebau gewesen ist? Schon zur Zeit der Kelten vor über 2 000 Jahren wurde im Bereich der Grube Fortuna Eisenerz abgebaut. Eine Skizze verdeutlicht das Vorgehen des damaligen Tagebaus.

Daraufhin kommen wir zum ehemaligen Standort des Obersteigerwohnhauses. Das Gebäude selbst wurde abgerissen, da beim Neubau des „Zechenhauses" im Dachgeschoß zwei Betriebswohnungen vorgesehen waren. Der gut markierte Pfad führt uns dann zu großen, sorgfältig umzäunten Löchern. Was hat es damit auf sich? Solche mit dem Fachausdruck „Überhauen" bezeichnete Löcher sind steil einfallende kleine Verbindungsschächte in die Grube hinunter. Sie dienen einerseits zur Frischluftversorgung, stellen potentielle Fluchtwege dar und können zum Transport von Gestein benützt werden. Also ist die Umzäunung wirklich zu respektieren! Dem *roten Punkt* nach geradeaus weiter. Rechts und links fallen uns daraufhin noch weitere Löcher auf, die wie kleine Trichter aussehen. Sie wurden ehedem als Suchschächte angelegt.

Bei der nächsten Tafel haben wir das Ende des ehemaligen Tagebaues erreicht und stehen hier am „Lagerausbiß". Das bedeutet, daß hier das Eisenerzlager bis an die Erdoberfläche reichte. Im Laufe der Zeit verwitterte das Gestein und hinterließ das sogenannte Rollerz, am Boden umherliegende Erzbrocken verschiedener Größe. Solch ein Lagerausbiß war natürlich ein gutes Kennzeichen auf Eisenerzvorkommen in der Erde. In dem kleinen Graben, den wir daraufhin durchqueren, erkennen wir das Rollerz, von dem gerade gesprochen wurde, ganz rostbraun sehen die Brocken aus! Wie in einem Hohlweg geht es weiter und nach links auf einen schmalen Pfad über eine Lichtung hinweg. Wir treffen auf einen breiteren Weg, auf dem es nach links weitergeht.

Wie sieht es wohl unter unseren Füßen aus? Eigentlich wäre es sehr spannend, wenn wir wie durch eine Glaswand hindurch in die Tiefe schauen könnten. Ein Modell im Bergbaumuseum ermöglicht uns nachher diesen Durchblick. An der nächsten Kreuzung nach links hinab und tatsächlich, an der nächsten Tafel erfahren wir, daß wir genau über einem Stollen, dem Neuen Tiefen Stollen, stehen! Er ist allerdings schon mehr als 40 Meter unter uns und nach einer Bauzeit von sieben Jahren erreichte er eine Länge von 1 654 Metern.

Abwärts treffen wir auf einen Weg. Nach rechts ist in dem schönen Tal ein Abstecher zu einem Wetterbohrloch vorgesehen. Das Wetterbohrloch wurde zur Verbesserung der „Wetterführung" der 100-Meter-Sohle angelegt. Wetterführung bedeutet übersetzt die Versorgung der Grube mit Frischluft.

Nach links – vom Wetterbohrloch kommend geradeaus – spazieren wir durch das Tal weiter. Die letzte Station weist uns auf die Markierung der Grubenfelder hin. Das bekannte Bergbausymbol „Schlägel und Eisen" war in die Grenzsteine eingeritzt und die Initialen des Eigentümers ebenfalls. Immer weiter talauswärts führt uns der Weg an mächtigen alten Tannen vorbei. Dann am Waldrand entlang geradeaus, an Viehweiden vorbei, bis vor zur Straße. Nach links in wenigen Minuten kehren wir auf der Zufahrtsstraße zur Grube Fortuna zum Ausgangspunkt zurück.

Wie kommt man zur Grube Fortuna?
Von Wetzlar auf der B 49 bis Solms-Oberbiel. Die Zufahrt zum Besucherbergwerk „Grube Fortuna" ist deutlich beschildert.

Weglänge: Länge des Lehrpfades etwa 3,5 km

Besucherbergwerk Grube Fortuna
Öffnungszeiten: März bis Oktober
                   dienstags bis freitags   9.00 – 16.00 Uhr
                   letzte Führung bzw. Einfahrt   15.00 Uhr
                   samstags und sonntags   9.00 – 17.00 Uhr
                   letzte Führung bzw. Einfahrt   16.00 Uhr
                   montags Ruhetag (außer feiertags)
                   Dezember bis Februar geschlossen
                   Einfahrt für Gruppen auf Anfrage

Wichtiger Hinweis:
Wer es sich einrichten kann, sollte – um sich eine mögliche Enttäuschung zu ersparen – möglichst früh zu der Besichtigung anreisen. An vielen Tagen gibt es, vor allem aber nachmittags, mehr Besucher als vorhandene freie Plätze für Führungen. Und da kann es dann vor-

kommen, daß die Führung um 15.00 Uhr schon um 14.00 bis 14.30 Uhr ausverkauft ist.

Die Teilnahme an der Führung ist für Kinder unter drei Jahren nicht zu empfehlen, da die Geräuschentwicklung der Maschinen doch recht enorm ist.

Eintritt:

Erwachsene	DM	8,00
Schüler	DM	5,00
Kinder (unter 5 J.)	DM	1,00
Gruppen ab 10 Personen nur nach Voranmeldung		

Museumspädagogische Angebote:
Videofilme, Arbeitsblätter, Erkundungsbögen für verschiedene Altersstufen, Suchspiele, Schulgruppenraum

Auskünfte:
Besucherbergwerk Grube Fortuna, 35606 Solms-Oberbiel
Telefon 0 64 43/82 46-0, Telefax 0 64 43/20 43

Bergbaukundlicher Lehrpfad
Der Lehrpfad beginnt am „Zechenhaus" und ist jederzeit frei zugänglich.

Feld- und Grubenbahnmuseum Fortuna
Öffnungszeiten: während der Saison
samstags   10.00 – 17.00 Uhr
Zusätzlich an manchen Sonn- und Feiertagen.
Für Gruppen auf Anfragen auch dienstags und donnerstags.

Bahnfahrten:

	Grubenzug		Kleinbahnzug	
Erwachsene	DM	2,00	DM	4,00
Kinder	DM	1,00	DM	2,00

Auskünfte: Telefon 0 64 43/4 01

Einkehrmöglichkeit:
Grubengaststätte „Zum Zechenhaus"

Pack' die Badehose ein ...

Allerlei Tips zu Anreise, Ausrüstung und Verpflegung

Übersicht der Weglängen der einzelnen Touren, wichtige Adressen und Telefonnummern

Anreise

Die Anfahrt zu den im Infoteil beschriebenen Touren bezieht sich im allgemeinen auf die Anfahrt mit dem Pkw. Allerdings lassen sich die meisten Ausgangspunkte auch mit öffentlichen Verkehrsmitteln erreichen.

Folgende Hinweise für die Benutzer öffentlicher Verkehrsmittel: Damit man bei Wochenendverkehr und bei Fahrplanänderungen immer auf der sicheren Seite ist und wirklich über die aktuellen Abfahrtszeiten Bescheid weiß, sollte man sich rechtzeitig vor Antritt der Fahrt bei den Bahnhöfen oder den jeweiligen Verkehrsämtern nach den günstigsten Verbindungen und Fahrpreisen (siehe auch weiter unten) erkundigen.

Am Rhein hat man in den Sommermonaten zusätzlich auch die schöne Möglichkeit, mit einem Schiff zu dem jeweiligen Ausgangspunkt zu kommen. Verschiedene Flotten fahren nach regelmäßigen Fahrplänen, die vielerorts ausliegen oder die man bei der betreffenden Linie auch anfordern kann. Familienfreundliche Tarife machen diesen Spaß auch bezahlbar. Oftmals erhalten Geburtstagskinder sogar Freifahrten oder manchmal bezahlen Kinder nur DM 2,00 pro Fahrstrecke!

Informationen bzw. Fahrpläne erhält man bei:

Köln-Düsseldorfer Deutsche Rheinschiffahrt AG, Frankenwerft 15, 50667 Köln
Telefon 02 21/20 88 – 3 18 oder 3 19, Telefax 02 21/2 08 82 31

Der historische Schaufelraddampfer „Goethe"gehört auch zu dieser Gesellschaft.

Bonner Personen Schiffahrt, Alter Zoll, 53111 Bonn
Telefon 02 28/63 63 63, Telefax 02 28/69 52 12

Personenschiffahrt-Siebengebirge eG, Rheinallee 59,
53173 Bonn – Bad Godesberg
Telefon 02 28/36 37 37, Telefax 02 28/36 49 94

Dazu gibt es noch etliche kleinere Unternehmen, die ebenfalls (Rund-)Fahrten anbieten.

Die schnellste Fortbewegung auf dem Rhein

Ein besonderes Angebot der Deutschen Bahn AG gibt es in den Ferien, das **Familien-Ferien-Ticket** für Rheinland-Pfalz und das Saarland. Damit können maximal zwei Erwachsene, fünf Kinder (bis 17 Jahre) und ein Hund gemeinsam eine Woche lang unterwegs sein. Es gilt in allen Nahverkehrs- und InterRegio-Zügen auf den Strecken der Deutschen Bahn in Rheinland-Pfalz und im Saarland sowie auf einigen Anschlußstrecken, z. B. auf der rechten Rheinseite von Wiesbaden über St. Goarshausen nach Koblenz. Viele Busunternehmen bieten in Zusammenhang mit dem Familien-Ferien-Ticket einen günstigen Zusatzfahrschein an. Pro Person darf auch ein Fahrrad mitgenommen werden. Weitere Informationen gibt's bei jeder Fahrkartenausgabe der Deutschen Bahn AG in Rheinland-Pfalz und im Saarland.

Übernachtungen

Im Westerwald gibt es eine ganze Reihe von Jugendherbergen, die sich als preisgünstige Übernachtungsmöglichkeit anbieten und gut auch als Ausgangspunkt geeignet sind. Ganz besonders erwähnt seien hier die zur Jugendburg umgebaute Freusburg bei Kirchen.

Auskünfte:
Deutsches Jugendherbergswerk
Landesverband Rheinland-Pfalz/Saarland e. V.
In der Meielache 1, 55122 Mainz
Telefon 0 61 31/3 74 46-0, Telefax 0 61 31/3 74 46-22

Deutsches Jugendherbergswerk
Landesverband Hessen e. V.
Stegstraße 33, 60594 Frankfurt
Telefon 0 69/6 09 13-0, Telefax 0 69/6 09 13-34

Deutsches Jugendherbergswerk
Landesverband Rheinland e. V.
Düsseldorfer Straße 1, 40545 Düsseldorf
Telefon 02 11/57 70 30, Telefax 02 11/57 97 35

Ausrüstung und Verpflegung

Damit man sich unterwegs wohl fühlt, spielen mehrere Faktoren eine Rolle: einmal das „äußere" Wohlbefinden, das vom Wetter, vom Schuhwerk und von der Kleidung abhängig ist. Dann spielt natürlich auch die „innere" Verfassung eine große Rolle, die von der jeweiligen Laune, aber natürlich auch vom Hunger oder Durst bestimmt werden kann. Was bedeutet dies ganz konkret für uns?

Wetter

Wir haben auf manches einen Einfluß, aber das Wetter macht oft nicht nur im April, was es will. Vielleicht kennen Sie den Spruch „Es gibt kein schlechtes Wetter, nur unpassende Kleidung" – dieser Satz beinhaltet sehr viel: Man kann nämlich bei jedem Wetter Spaß am Draußen-Sein haben, wenn man nur richtig dafür ausgerüstet ist.

Kleidung und Schuhwerk

Ob wir bei Regen, Schnee oder Sonnenschein unterwegs sind, wir sollten weder zu warm noch zu leicht angezogen sein. Daher ist es günstig, sich so auszurüsten, daß man bei Bedarf etwas ausziehen kann oder im Sommer noch etwas zum Drüberziehen mitnimmt.

Besonderes Augenmerk sollten wir auf die Auswahl der Schuhe richten. Vor allem ist es wichtig, daß wir gut mit ihnen gehen können. Das ist eigentlich selbstverständlich, oder nicht? Feste Schuhe mit griffigen Sohlen sind bei den Wanderungen über Stock und Stein immer vorzuziehen, da die Sicherheit beim Gehen in großem Maße von der Sohlenbeschaffenheit abhängt.

An warmen Tagen im Sommer könnten wir auch mal ein Stück, z.B. auf einem Pfad im Wald, auf einer Wiese oder an einem Bach, barfuß gehen. Was spüren denn die (empfindlichen) Fußsohlen? Was ist angenehm, was weniger?

Auch wenn man „nur" zu einem kurzen Ausflug startet, sollte man an etwas zu essen und zu trinken denken. Denn an der frischen Luft entwickeln vor allem die Kinder einen oft ganz erstaunlichen Hunger und/oder Durst. Oder man hält sich doch länger auf als geplant, und nicht immer hat man die Möglichkeit, gerade da eine Einkehrmöglichkeit zu finden, wo man sie ganz dringend brauchen könnte.

Besonders gut eignen sich als Getränke Tee oder verdünnte Obstsäfte, die unterwegs als „Zaubertrank" (Asterix und Obelix lassen grüßen) angeboten werden können. Als (preisgünstige) Trinkflaschen eignen sich sehr gut die Kunststoff-Pfandflaschen, die es in verschiedenen Größen gibt. Sie halten übrigens erstaunlich viel Druck aus, so daß man keine Sorge haben muß, daß sie zerbrechen.

Müsliriegel und/oder Früchteschnitten bieten sich neben dem traditionellen belegten Brot und Obst ebenfalls hervorragend als kleine Überraschungen für unterwegs an.

Was man sonst noch gebrauchen kann
Taschenmesser, Taschenlampe, Fernglas, Verbandsmaterial und *Streichhölzer* – diese Dinge packt jeder nach Bedarf ein. Manchmal ist es auch gut, an *Ersatzkleider* oder *Gummistiefel* zu denken, vor allem, wenn wir in der Nähe von Bächen unterwegs sind. Bei manchen vorgeschlagenen Spielen ist es nützlich, wenn man ein Tuch zum Augen verbinden dabei hat.

Die richtige *Wanderkarte*, oft reicht der Maßstab von 1 : 50 000 aus, findet sicher auch noch ein Plätzchen im Rucksack. Vor Beginn der Tour macht man sich am besten schon mit dem Wegeverlauf und den Signaturen auf der Karte vertraut. Es kann immer mal wieder vorkommen, daß im Wegesystem Veränderungen eintreten oder man möchte einfach eine Runde vergrößern oder vielleicht auch abkürzen. Da ist es ganz gut, wenn man sich mit einem Blick auf die Karte orientieren kann.

Die empfohlenen Karten erhält man in Buchhandlungen oder direkt beim
Landesvermessungsamt Rheinland-Pfalz
– Kartenvertrieb -
Ferdinand-Sauerbruch-Straße 15
56073 Koblenz
Telefon 02 61/4 92-0

Sie ist unterwegs sehr wertvoll und wiegt nicht mal ein einziges Gramm. Eigentlich kann man sie bei allen Unternehmungen gebrauchen und doch hat man selten genug davon dabei. Manchmal ist sie schnell wie die Feuerwehr und das andere Mal langsam wie eine Schnecke. Wer kann sich vorstellen, wie die Lösung zu diesem kleinen Rätsel lautet?

Die *Zeit* ist gemeint, ist jemand darauf gekommen? Wenn wir davon noch genügend mitnehmen, sind wir bestens gerüstet. Je nach Alter der Kinder ist das besonders wichtig. Haben wir uns Erwachsenen schon mal überlegt, wie Kinder Stunden, Tage oder gar eine Woche überblicken? Vorschulkinder helfen sich in überschaubaren Zeiträumen ja gerne mit dem Abzählen der Nächte und wissen dann genau, wie oft sie noch schlafen müssen. Und tagsüber? Ja, da passen sie sich in der Regel unserem (meist schnellen) Tempo an. Vielleicht sollten wir uns am Wochenende dafür wirklich mal ausgiebig Zeit für einen Ausflug nehmen. Kinder können ja gerade bei sogenannten Kleinigkeiten am Wegesrande „stundenlang" verweilen. Aber was ist es, was uns Erwachsene eigentlich immer, fast möchte man ungeduldig dazu sagen, vorwärtstreibt? Diese Frage sollte sich jeder selbst beantworten und das möglichst ehrlich!

Lernen wir es doch auch zu genießen, einer Ameise, einem Käfer, einer Schnecke oder Grille zuzuschauen. Selbst ein Stein, eine Blüte oder die unterschiedlichsten Blätter sehen, mit Kinderaugen betrachtet, wie kleine Wunderwerke aus. Wie gerne sammeln Kinder ihre „Schätze" (Schneckenhäuser, hübsche Steine und andere Dinge) und legen sie zu Hause behutsam auf ein Regal oder in ein altes Einmachglas. Ganz bestimmt war das dann für sie die schönste Tour, auch wenn es, in Kilometern ausgedrückt, überhaupt nicht „weit" war. Und vielleicht haben wir Erwachsenen an so einem Tag die Welt auch mal wieder mit ganz neuen Augen gesehen.

An so einem Tag ist es dann auch nicht so wichtig, wenn man nur einen Bruchteil der vorgeschlagenen Runde schafft und einfach bei Bedarf wieder umkehrt. Die Kinder wollen mit zunehmendem Alter meist ganz von selbst größere Strecken wandern.

Weglängen

Diese Übersicht zeigt die Weglängen der einzelnen Touren im Überblick. Wird ein Ausflugtip öfters aufgeführt, so ist bei der vorgestellten Runde eine kürzere oder eine längere Variante möglich. Vorangestellt sind die Ausflugsziele, die man auch ohne zu wandern genießen kann.

1. Ausflugsziele, die sich auch für „faule“ Tage eignen:
 1. Die Affen rasen durch den Wald ...
 3. Einmal einen Kindergeburtstag in einem Bergwerk feiern!
 5. Glück auf in der Grube Bindweide
 7. Wie lebte man wirklich in der guten alten Zeit?
 8. Zum Wolf und den sieben Geißlein
11. Hier könnte es gefährlich werden!
12. Wer möchte einmal Gast bei einem Bundeskanzler sein?
13. Sieben auf einen Streich
16. Eine Schiffahrt, die ist lustig ... (Teil 1)
17. Kuckuck, Kuckuck, ruft's aus dem Wald
19. Alle meine Entchen schwimmen auf dem See ...
20. Bei der kleinen Raupe Nimmersatt
22. Wie findet man den richtigen Ton?
24. Ich bin ein kleiner Tanzbär und komme aus
    dem (Wester-)Wald ...
26. Eine Schiffahrt, die ist lustig ... (Teil 2)
29. Schlägt die Uhr vom Turme bimm, bamm, bumm ...
30. Wir erleben hautnah die harte Arbeit unter Tage

2. Touren bis zu 5 Kilometer Länge:
 1. Die Affen rasen durch den Wald ...
 4. Hier dürft ihr wirklich mal stundenlang fernsehen!
 6. Im Tal und auf der Höh' in der Kroppacher Schweiz
 8. Zum Wolf und den sieben Geißlein
 9. Wir haben noch Wind in den Haaren ...
11. Hier könnte es gefährlich werden!
12. Wer möchte einmal Gast bei einem Bundeskanzler sein?
13. Sieben auf einen Streich
14. Und mein Schifflein segelt munter ...
15. Auf der Brück' von Avignon ...
16. Eine Schiffahrt, die ist lustig ... (Teil 1)
17. Kuckuck, Kuckuck, ruft's aus dem Wald
18. Am Dreifelderweiher hat alles angefangen ...
19. Alle meine Entchen schwimmen auf dem See ...
20. Bei der kleinen Raupe Nimmersatt
22. Wie findet man den richtigen Ton?
24. Ich bin ein kleiner Tanzbär und komme aus
    dem (Wester-)Wald ...
25. Wenn doch nur die Fördertürme noch stehen würden ...
26. Eine Schiffahrt, die ist lustig ... (Teil 2)
27. Das hat nicht Ruh' bei Tag und Nacht
28. Nur einen Meter über dem Eis unterwegs
29. Schlägt die Uhr vom Turme bimm, bamm, bumm ...
30. Wir erleben hautnah die harte Arbeit unter Tage

3. Touren mit mehr als 5 Kilometern Länge:

2. Unglaublich, was los hier schon alles war!
4. Hier dürft ihr wirklich mal stundenlang fernsehen!
6. Im Tal und auf der Höh' in der Kroppacher Schweiz
10. Oh, du schöner Westerwald ...
12. Wer möchte einmal Gast bei einem Bundeskanzler sein?
13. Sieben auf einen Streich
14. Und mein Schifflein segelt munter ...
15. Auf der Brück' von Avignon ...
17. Kuckuck, Kuckuck, ruft's aus dem Wald
19. Alle meine Entchen schwimmen auf dem See ...
21. Heute wandern wir von Spielplatz zu Spielplatz
23. Im Frühtau zu Berge ...
26. Eine Schiffahrt, die ist lustig ... (Teil 2)

Bei Regenwetter sind wir gut aufgehoben:

Bergbaumuseum in Herdorf-Sassenroth (Kapitel 3)
Grube Bindweide (Kapitel 5)
Landschaftsmuseum in Hachenburg (Kapitel 7)
Burg Linz (Kapitel 13)
Museum für Archäologie des Eiszeitalters im Schloß Monrepos (Kapitel 17)
Mitmach-Museum (MU*SE) in Selters (Kapitel 21)
Schaubergwerk „Gute Hoffnung" (Kapitel 22)
Grube Fortuna (Kapitel 30)

Selbst bei heißem Sonnenschein ist es hier angenehm (ohne Bergwerke und Museen):

Kloster Marienstatt (Kapitel 6)
Waldbreitbach (Kapitel 16)
Altwied (Kapitel 18)
Dreifelderweiher (Kapitel 21)
Holzbachschlucht (Kapitel 27)
Eisstollen an der Dornburg (Kapitel 28)
und natürlich an allen Badeseen, wie z. B. dem Wiesensee (Kapitel 26) und nicht zu vergessen – in den kühlen Bergwerken (s. o.)!

Quellenangaben
Die Geschichten und Sagen wurden folgenden Büchern entnommen:
a) „Taunus-Sagenschatz", Helmut Bode
    Verlag Waldemar Kramer
b) „Sagen aus Rheinland-Pfalz", Rainer Schlundt
    Eugen Diederichs Verlag
c) „Hessische Sagen", Ulf Diederich, Christa Hinze
    Eugen Diederichs Verlag

Des weiteren wurde auf folgende Wanderführer Bezug genommen:
d) „Mit Kindern im Taunus", Renate Florl,
e) „Mit Kindern am romantischen Rhein", Renate Florl
beide Fleischhauer & Spohn Verlag

Wichtige Adressen und Telefonnummern
Die Telefonnummern der Verkehrsämter und Tourist-Informationen sind in den Infoteilen der einzelnen Kapiteln aufgeführt.

Weitergehende Auskünfte erhält man von der Aktionsgemeinschaft Westerwald:

- Westerwald Gäste Service
  Kirchstraße 48 a, 56410 Montabaur
  Telefon 0 26 02/30 01-1, Telefax 0 26 02/30 01-15
- Westerwald-Touristik
  Siegener Straße 20, 57610 Altenkirchen
  Telefon 0 26 81/8 13 58, Telefax 0 26 81/8 14 45
- Touristikverband Wiedtal
  Neuwieder Straße 61, 56588 Waldbreitbach
  Telefon 0 26 38/40 17, Telefax 0 26 38/66 88

Wir über uns

Westerwald-Verein e. V.

Der Westerwald-Verein e. V.

- **wirkt im gesamten Westerwaldbereich und in seinen Grenzräumen**
  Er wurde 1888 in Selters/Ww. gegründet und zählt heute mit seinen etwa 7.000 Mitgliedern in den Zweigvereinen und den Einzelmitgliedern als kompetenter Heimatverein für den gesamten geographischen Westerwald. Der Hauptverein unterstützt und koordiniert die Bemühungen seiner Zweigvereine und nimmt überörtliche Aufgaben wahr. Die Zweigvereine unterstützen diese Ziele auf örtlicher Ebene durch weitgehend selbständige Initiativen und eigene Veranstaltungen. Der Westerwald-Verein ist Mitglied im Verband Deutscher Gebirgs- und Wandervereine e. V.

- **fördert und betreibt vielfältig das Wandern, unterstützt den Fremdenverkehr**
  Zeitgemäßes, geselliges und naturverbundenes Wandern ohne Streß und Medaillenstreben gehört zu den Hauptaufgaben. Der Hauptverein veranstaltet mehrtägige Wanderungen durch den Westerwald, bietet aber auch Wanderfahrten ins Ausland an. Er ist beim alljährlichen Deutschen Wandertag vertreten und richtet mit den Zweigvereinen Wandertreffen aus. Vor Ort laden die Zweigvereine regelmäßig zu vielfältigen Wanderungen und Exkursionen ein. Die Bemühungen des Westerwald-Vereins sind für den Fremdenverkehr der Region unentbehrlich.

- **kennzeichnet ein ausgedehntes Wanderwegenetz und besitzt Wanderheime**
  Der Hauptverein markiert für die Allgemeinheit ein über 2.000 km umfassendes Wanderwegenetz, das den gesamten Westerwald durchzieht. Viele Zweigvereine unterhalten darüber hinaus örtliche Rundwanderwege. Einige Zweigvereine besitzen zudem eigene Wanderheime, in denen der Wanderer preisgünstig übernachten kann.

- **setzt sich für die Denkmalpflege ein**
  Ob Bodendenkmäler, Westerwälder Fachwerkhäuser, ortsbild-prägende Ensembles, historische Gebäude oder Bemühungen im Rahmen des Wettbewerbes „Unser Dorf soll schöner werden – Unser Dorf hat Zukunft": Der Westerwald-Verein setzt sich intensiv für ihren Schutz und ihre Pflege ein.

- **bemüht sich um eine zeitgerechte Heimatpflege**
  Im Hauptverein und in den Zweigvereinen sind Personen damit beauftragt, Heimatgeschichte und Volkskunde, Brauchtum und Mundart, Liedgut und Volkstanz in speziellen Gruppen zu pflegen oder mit Veröffentlichungen zu fördern. Dazu zählt auch beispielsweise die „Gesellschaft für Heimatkunde im Westerwald". Darüber hinaus unterstützt der Westerwald-Verein auch intensiv das Landschaftsmuseum Westerwald in Hachenburg, dessen Mitbegründer und Träger er war und dessen Mitglied er noch ist.

- **kümmert sich um den Natur- und Landschaftsschutz**
  Der Hauptverein kümmert sich zusammen mit den für diesen Bereich in den Zweigvereinen Beauftragten und ihren Helfern um die zahlreichen Aufgaben, die zur Erhaltung und Pflege unserer Heimatnatur erwachsen. Die Zweigvereine bemühen sich vor Ort um einzelne Objekte, schreiten ein, wenn Gefahren drohen. Mitarbeiter des Hauptwarts für Umweltschutz geben Stellungnahmen ab im Rahmen des Verfahrens nach § 29 BnatschG.

- **betreibt eine zeitgemäße Jugendarbeit**
  Kinder und Jugendliche an die Ziele des Westerwald-Vereins heranzuführen, ist Aufgabe der Deutschen Wanderjugend im Westerwald-Verein. Viele Zweigvereine unterhalten selbst Jugendgruppen. Der Hauptverein lädt ein zu Seminaren und Zeltlagern, Volkstanzkursen und sonstigen Jugendtreffen.

- **gibt die Zeitschrift „Der Westerwald" sowie Westerwaldbücher und Wanderkarten heraus.**
  Die lebendig gestaltete und vierteljährlich erscheinende Vereinszeitschrift „Der Westerwald", deren Bezug im Mitgliedsbeitrag (im Hauptverein DM 25,00 pro Jahr) enthalten ist, ist Sprachrohr des Vereins und ein kompetentes Organ für alle Aufgabenbereiche des Vereins. Außerdem gibt der Verein Westerwaldliteratur heraus, die Mitglieder zum Vorzugspreis beziehen können. Unverzichtbar sind die vom WWV betreuten und von den Landesvermessungsämtern herausgegebenen Wanderkarten, in denen alle Wanderwege sowie sonstige Informationen für den Wanderer enthalten sind.

Informationen erhalten Sie von der

Geschäftsstelle des
Westerwald-Vereins e. V.
Peter-Altmeier-Platz 1

56410 Montabaur

Telefon-Durchwahl:	(0 26 02) 12 45 14 oder
	(0 26 02) 12 42 06
Telefax:	(0 26 02) 12 45 42

108 Seiten, 29 Schwarzweiß-fotos

„Spaß für und mit Kindern" – das ist das Motto Heinz R. Wittners, der selbst Kinder hat und im Pfälzerwald-Verein aktiv ist. Bei insgesamt 26 Ausflügen wird die Geschichte der Pfalz lebendig. Sie sehen, wie die Römer kelterten und Steine brachen, Sie besteigen Burgen, wandern zu markanten Felsen oder fahren mit der Grubenbahn in ein Kalkbergwerk.

168 Seiten, 33 Schwarzweiß-fotos, 18 Kartenskizzen

Der romantische Mittelrhein ist wie geschaffen für erlebnisreiche Ausflüge mit der ganzen Familie. Eine große Anzahl mittelalterlich anmutender Burgen lädt zu Besichtigungen ein, enge Schluchten und aussichtsreiche Höhenlagen lernen wir auf abenteuerlichen Pfaden kennen. Renate Florl ist es mit dem vorliegenden Wanderführer wieder einmal in bewährter Weise gelungen, die attraktivsten Ausflugsziele familiengerecht zu präsentieren. Mit den detaillierten Routenbeschreibungen und übersichtlichen Kartenskizzen finden sich auch ungeübte Wanderer schnell zurecht – und das ist die beste Voraussetzung für einen gelungenen Ausflug.

132 Seiten, 29 Schwarzweiß-
fotos, 10 Kartenskizzen

Das gebirgige Land zwischen Werra und Fulda, zwischen dem Kreuzberg und dem Hessischen Kegelspiel hält eine Fülle an Überraschungen bereit. Die Rhön ist gerade für Kinder eine nahezu unerschöpfliche Fundgrube an immer neuen Entdeckungen. Burgen und Klöster beflügeln als Überbleibsel längst vergangener Zeiten die Phantasie, und neben der reichen Flora und Fauna gibt es auch gewaltige Felsformationen zu bestaunen. Die zahlreichen Touren, die unser Autor Gerrit-Richard Ranft für Sie zusammengestellt hat, sind speziell auf die Bedürfnisse von Kindern ausgerichtet und werden durch einen ausführlichen Infoteil am Ende jedes Kapitels sinnvoll ergänzt.

144 Seiten, 28 Schwarzweiß-
fotos, 19 Kartenskizzen

Als sanft geschwungene Höhe erhebt sich der Taunus über die Rhein-Main-Ebene. Weite, ruhige Wälder bedecken ihn und man kann an Bächen durch romantische Täler wandern. Kaum eine andere Mittelgebirgslandschaft weist eine solche Fülle von Kulturdenkmalen auf wie der Taunus: mittelalterliche Burgen, ehemalige Residenzstädte wie Bad Homburg, Idstein, Weilburg und Wiesbaden sowie die vielgestaltigen Museen laden zu Besuchen ein. Der Pfahlgraben, die ehemalige Grenze des Römerreichs, ist besonders gut erhalten und führt in eine ferne und fremde Vergangenheit; aber auch Burgen, Höhlen und Quellen fehlen nicht in diesem breitgefächerten Angebot an Unternehmungen für die ganze Familie.

128 Seiten, 29 Schwarzweiß-
fotos, 14 Kartenskizzen

Ein Drittel der Fläche des Saarlan-
des ist mit Wald bedeckt, und
neben landschaftlichen Schönheiten
gibt es für Familien noch eine Menge anderer Dinge zu entdecken. Auf
der Burgruine Montclair läßt die
kindliche Phantasie die Lebenswelt
der alten Ritter wiedererstehen, und
kleine Tierfreundinnen und -freun-
de kommen im Saarbrücker Wildpark und im Wolfsgehege bei Mer-
zig auf ihre Kosten.

144 Seiten, 38 Schwarzweiß-
fotos, 4 Karten

Selbst wer glaubt, das Elsaß bereits
gut zu kennen, findet noch Neues
und Interessantes. Kinder stellen oft
andere Ansprüche an einen Ausflugstag als Erwachsene, daher steht
nicht nur die Besichtigung des
Schiffshebewerks bei St. Louis auf
dem Programm, sondern auch eine
Abenteuerwanderung entlang des
Kanals. Ein Besuch auf dem Straß-
burger Münster darf natürlich nicht
fehlen und ein Ausflug auf den
Affenberg bei Kintzheim, ins Spielzeugmuseum in Colmar oder ins
Schaubergwerk „Erzgrube Nothwei-
ler" begeistert alt und jung gleichermaßen.

112 Seiten, 40 Schwarzweiß-
fotos

Familien mit Kindern finden in
25 Kapiteln interessante Wanderungen auf den Spuren von Flößern,
Waldbauern und Rittersleuten im
Nordschwarzwald. Die Sehenswürdigkeiten werden kurz geschildert,
aber auch Rastplätze mir Feuerstellen, Einkehrmöglichkeiten und Kin-
derspielplätze werden erwähnt.

132 Seiten, 31 Schwarzweiß-
fotos

Ein Ausflug ins Sagenreich der Erd-
männlein oder eine Fahrt im Bum-
melzug sind nur zwei von zahlreichen aufregenden Abenteuern, die
im Südschwarzwald auf unternehmungslustige Familien warten.
Lebendig und anschaulich schildert
die Autorin die Ausflüge zwischen
Freiburg und der Schweiz und lädt
dazu ein, den vielschichtigen Natur-
und Kulturraum zu Fuß kennenzulernen. Viel Spaß bei der Ent-
deckungsreise!

163

Renate Florl

Mit Kindern im Bayerischen Wald

Die schönsten Tips für unternehmungslustige Familien

Fleischhauer & Spohn

Ja, so warn's ... die alten Rittersleut'! Mittelalterliche Burganlagen wie das Schloß Egg in Deggendorf sind für Kinder immer faszinierend. Doch ein Besuch bei Bären und Wölfen im Nationalpark steht dem an Abenteuer in nichts nach. Diese und viele andere Möglichkeiten, im Bayerischen Wald zu wandern und aufregende Dinge zu erleben, hat unsere Autorin für Sie entdeckt. Damit sich auch jeder Ausflug perfekt planen läßt, gibt ein ausführlicher Infoteil am Ende jedes Kapitels Auskunft zu Öffnungszeiten, Telefonnummern, Anreisemöglichkeiten und Kartenempfehlungen.

144 Seiten, 42 Schwarzweißfotos, 18 Kartenskizzen

Renate Florl

Mit Kindern im Allgäu

Erlebnistouren – nicht nur für Gipfelstürmer

Fleischhauer & Spohn

Unternehmungslustigen Familien mit Kindern bietet das Allgäu unzählige Möglichkeiten für interessante und abwechslungsreiche Spaziergänge, Wanderungen und Tagestouren. Unsere Autorin Renate Florl weiß, was bei Eltern und Kindern ankommt. Sie führt ihre großen und kleinen Leser zu Regenmännle, Riesen und Burgfräulein, läßt sie in der Burgruine Sulzberg Archäologen bei der Arbeit über die Schulter schauen und im Schwäbischen Bauernhofmuseum in Illerbeuren Redensarten entschlüsseln. Es ist nicht nur für jeden Geschmack und jedes Alter etwas dabei, auch für jede Wetterlage findet sich die passende Tour.

168 Seiten, 51 Schwarzweißfotos, 21 Kartenskizzen

Die Sächsische Schweiz mit Kindern erleben! Unsere Autorin Renate Florl hat mit ihrer Familie selbst erfahren, welche unglaublichen Erlebnisse in diesem Wandergebiet möglich sind. Die Kinder konnten nicht schnell genug aus dem Haus kommen, um neue Ziele anzusteuern, neue Aussichten zu genießen und einen für sie völlig neuen Teil Deutschlands kennenzulernen. Alle notwendigen Informationen sind, wie gewohnt, am Ende eines jeden Kapitels zusammengefaßt.

156 Seiten, 35 Schwarzweißfotos, 21 Kartenskizzen

Den Spreewald – das „Venedig" von Brandenburg und eine der eigenwilligsten Naturlandschaften Europas – prägen urwüchsige Wälder, unzählige Fließe, blühende Wiesen und idyllische Seen. Über Jahrhunderte entstand diese außergewöhnliche Flußlandschaft, die einer reichen Tier- und Pflanzenwelt Heimstatt bietet. Unser Autor Heinz Pflanz versteht es, Kindern die Geschichte und die einmalige Natur dieser Landschaft nahezubringen. Die Touren bieten viel Abwechslung, enthalten Hinweise zu Naturbeobachtungen, zu einfachen Untersuchungen und natürlich, wie gewohnt, ausführliche Infoteile im Anschluß an das jeweilige Kapitel.

84 Seiten, 35 Schwarzweißfotos, 21 Kartenskizzen

144 Seiten, 29 Schwarzweiß-fotos, 6 Kartenskizzen

In diesem Titel der Entdecken-Reihe richten wir unser Augenmerk auf ein Element, das Kinder schon immer fasziniert hat: Das Wasser. Renate Florl stellt es uns in seinen zahlreichen unterschiedlichen Erscheinungsformen vor:

Wasser als Lebensraum und Lebensmittel;

Wasser unter der Erde, z. B. in Höhlen;

Wasserkraft in Form von Stauseen und Mühlen;

Wasser als Transportmittel;

Wasserfälle, Flüsse und Quellen;

Wasser, das einlädt zum Spielen, Experimentieren und Plantschen – das einfach Spaß macht.

120 Seiten, 42 Zeichnungen, 17 Kartenskizzen

Wir laden Sie ein, mit uns in den Alltag vergangener Zeiten einzutauchen. In kindgerechter, verständlicher Form entwirft Edmund Kühnel Stimmungsbilder aus der Ritterzeit, die Kinder und Eltern gleichermaßen in ihren Bann ziehen. Er beantwortet Fragen nach dem Speiseplan und den Eßgewohnheiten der damaligen Zeit, erklärt, welche Kleidung getragen wurde, wie bestimmte Bräuche und Sprichwörter entstanden sind und vieles mehr. Darüber hinaus enthält der Band informative Skizzen und Wegbeschreibungen für Ihren Ausflug sowie Hinweise auf Feuerstellen, kulinarische Empfehlungen für das Picknick und viele Infos zu den einzelnen Burgen.

Mit dem Rad die Eifel entdecken – das ist ein Riesenspaß für jung und alt. Unterwegs in dieser phantastischen Mittelgebirgslandschaft begleitet uns „Herr von Weißnicht", unser Plüsch-Freund, der (fast) alles weiß und immer den richtigen Weg kennt. z. B. zu den Vulkanseen bei Daun oder zum schönsten deutschen Wasserkraftwerk in Heimbach-Hasenfeld am Rurstausee, der so groß ist, daß zahlreiche Schiffe darauf herumfahren können. Die Touren sind so ausgewählt, daß sie von Kindern problemlos bewältigt werden können. Der Sachbuchteil enthält zahlreiche anschauliche und kindgerechte Erklärungen zu naturkundlichen Phänomenen der Eifel.

180 Seiten, 25 Schwarzweiß-fotos

Weitere Bände der Reihe

Mit Kindern entdecken

sind in Vorbereitung.

Jeden Tag ein Abenteuer

Renate Florl ist im Naturpark Schwäbisch-Fränkischer Wald zu Hause und fühlt sich schon seit ihrer Kindheit schönen und waldreichen Gegenden verbunden. Ihr Beruf als Vermessungsingenieurin ist bei der Planung von Touren von großem Vorteil.

Jeden Tag ein Abenteuer, hätten Sie sich das als Kind nicht auch gewünscht? Damals ging der Wunsch – gerade sonntags – wohl nur in den seltensten Fällen in Erfüllung. Aber die Zeiten ändern sich, und hier halten Sie einen Führer in der Hand, der dafür sorgt, daß der sonntägliche Ausflug für die ganze Familie zu einem erlebnisreichen Tag wird.

Wir entdecken, was es in diesem schönen Teil Deutschlands zwischen Rhein, Lahn und Sieg über und unter Tage zu erleben gibt. Renate Florl stellt in diesem Führer viele interessante Erlebnismöglichkeiten vor, die für die ganze Familie spannend und attraktiv sind. Die Autorin hat für diesen Wanderführer bekannte und weniger bekannte Ziele ausgesucht und mit ihrer Familie für Sie neu erkundet und beschrieben.

Wie macht ein Ausflug wirklich allen Beteiligten Spaß? Tips und Anregungen zu diesem Thema findet man ebenfalls, die übrigens ganz einfach in die Tat umzusetzen sind.

Wissen Sie z. B., wie der Eisstollen an der Dornburg „funktioniert" oder mit welchen Geräten der Ton früher unter Tage abgebaut wurde? Waren Sie schon einmal zu Besuch beim Bundeskanzler oder sind mutig durch die Drachenhöhle gegangen? Wer möchte selbst eine Glocke zum Tönen bringen? Wo flattern von Frühling bis November die herrlichsten Schmetterlinge? Wo kann man eine gemütliche Floßfahrt unternehmen oder gar puddingweiche Tropfsteine besichtigen?

Die Antworten auf diese Fragen – und natürlich noch viel mehr an Wissens- und Staunenswertem – wird Ihnen bei den Ausflügen und Wanderungen gegeben oder begegnet Ihnen auf sonst irgendeine Art und Weise.

Die Unternehmungen eignen sich hervorragend für einen (Sonn-) Tag, ein Wochenende oder auch für einen Urlaub. Mit den detaillierten Routenbeschreibungen findet man sich wirklich schnell und gut zurecht, so daß jeder Ausflug von Anfang an gelingt.